Cómo empezar un negocio con éxito

J.R. ROMÁN

www.editorialvida.com

EDITORIAL **Vida**
DEDICADOS A LA EXCELENCIA

© 2001 EDITORIAL VIDA
Miami, Florida 33166

Diseño interior: *Jannio Monge*

Diseño de cubierta: *O' Design*

ISBN 0-8297-2751-5

Categoría: *Motivación / Negocios*

Impreso en Estados Unidos de América
Printed in the United States of America

01 02 03 04 05 06 07 ❖ 07 06 05 04 03 02 01

CONTENIDO

DEDICATORIA

Deseo dedicarle este libro a todas las personas que sueñan con establecer su negocio, especialmente a las miles de mujeres que sin ayuda ni orientación se atreven a empezar, con la única esperanza de que harán su sueño realidad, y muy especialmente lo dedico a la Sra. María E. Álvarez, directora nacional de Mary Kay Cosmetics, quien fue un ejemplo vivo de lo que es pagar el precio para alcanzar el éxito, ayudando a miles de mujeres alrededor del mundo, a convertir lo invisible en visible, lo difícil en fácil y lo imposible en posible.

Te recordaremos siempre.

J. R. Román
Autor

PREFACIO

En este mundo cambiante en que la independencia se gesta por doquier, muchas personas se encuentran atadas a ligaduras de todo tipo. Ataduras morales, políticas, familiares, espirituales, sociales y, por qué no decirlo, hasta económicas.

El hombre de hoy sueña con una participación mayor en la cadena de producción que le brinde comodidad, estabilidad y superación. También quiere, en dos palabras, «independencia económica».

Y justamente de eso es que trata este libro, de alcanzar esa independencia que lo hará libre y que le dará una vida mejor. En *Cómo empezar un negocio con éxito* le brindamos un mapa que ha conducido a muchos de los que participan en nuestros seminarios al verdadero triunfo empresarial.

En estas páginas hallará ideas prácticas que le ayudarán a establecer su negocio con el menor riesgo posible y la mayor posibilidad de éxito. La tinta que imprime estas ideas es la propia experiencia del autor. He tenido el privilegio de dar conferencias y asesorar empresas como Amway, General Motors, Mercedes Bens y Microsoft, entre otras.

Además, la exposición plasmada en esta obra la avalan numerosas empresas instaladas en el territorio de los Estados Unidos, Puerto Rico y América Central; negocios que siguieron los consejos y el asesoramiento del autor. Es decir, todo lo que aquí se expone es resultado de su implementación ulterior. Una verdadera garantía a la hora de considerar la lectura y estudio de este libro.

Sin más preámbulos, entremos a estudiar las pautas necesarias para iniciar un negocio con éxito.

Capítulo 1

PLANIFIQUE SU NEGOCIO

Para iniciar un negocio es indispensable elaborar un plan antes, de manera que se garantice su éxito por anticipado. Ese plan es su guía a seguir, es el mapa que le permitirá visualizar con exactitud los pasos que debe dar para alcanzar los resultados que desea en una forma rápida y eficiente.

¿Por qué es vital planificar? Es importante porque le ayuda a enfocarse de manera correcta, a economizar tiempo, a ver los detalles, a coordinar e integrar los recursos, estableciendo una visión, un propósito y las expectativas del negocio. El plan les ayudará a usted y a los capitalistas que estén interesados en invertir en su negocio a recibir toda la información necesaria para analizar los riesgos del préstamo o inversión, aumentando la posibilidad de conseguir los recursos económicos para comenzar el mismo. El plan sirve de guía para medir el crecimiento, corregir las posibles desviaciones que surjan y prever las futuras expansiones.

Muchas personas prefieren trabajar día a día sin planificar. Se enfocan en trabajar con las crisis según se presenten. Comentan que no tienen tiempo para planificar. Hay un mensaje que dice: «Las excusas satisfacen solamente al que las da y debilita el carácter del que las acepta». Creen que planificar es perder tiempo; la verdad es que es todo lo contrario. Por cada hora que uno invierte en planificar se ahorra tres de trabajo y muchos dolores de cabeza.

Otros no quieren planificar porque temen fallar. No quieren comprometerse con sus metas y sus objetivos por temor a que otras personas cuestionen su incapacidad para alcanzar las metas. Recuerde que si no las establece ni las escribe, nunca sabrá si las alcanzó.

Espero que se haya convencido de la importancia de definir el tipo de negocio que piensa establecer. Si quiere comprar un negocio establecido encontrará una guía al final del capítulo que le dará instrucciones para tomar su decisión de una mejor manera.

Es vital tener una visión acerca de lo que quiere hacer en su negocio. La pregunta es: «¿Qué tipo de empresa desea establecer?» La siguiente dinámica le ayudará a definir su propósito a la vez que le permitirá fortalecer su compromiso desarrollando las bases para actuar y alcanzar los resultados deseados.

Cuando trabaje en su plan de acción para establecer su negocio debe definir lo siguiente:

- ¿Qué quiere hacer en su negocio? _____

_____

- ¿Qué servicio o producto desea ofrecer? _____

_____

- ¿Dónde ubicará el negocio? _____

_____

- ¿A quién va dirigido su esfuerzo? _____

_____

- ¿Cómo promoverá su empresa? _____

_____

- ¿Por qué cree que sus clientes seleccionarán su compañía?

_____

- ¿Cuánto presupuesto se necesita para desarrollar su negocio?

_____

Estas son preguntas básicas que debe contestar para poder desarrollar un buen plan de negocios. Cuando usted prepara el programa de trabajo, desarrolla una guía para fijar las metas que desea lograr. Durante los pasados veinte años he ayudados a miles de personas a trabajar con su plan de acción tanto en el desarrollo de sus negocios como en lo personal. Me gustaría darle a conocer algunas estrategias que le pueden ayudar a acelerar el proceso para alcanzar su meta.

Defina su meta

a) Visualícela. No solo escribir o explicar su meta es importante, ese es el comienzo; pero debe visualizarla, es decir, imaginarla. La visualización es el puente entre el presente y el futuro. Es la capacidad de ver en su mente cada paso para alcanzar su meta. Personalmente practico una dinámica que llamo «Ir al cine». Esta consiste en hacer una película imaginaria respecto de la meta. Eso quiere decir que si tengo que ir a algún lugar específico lo veo antes de salir al mismo. No solo lo visualizo sino que me pregunto:

- ¿Estoy consagrado a hacer realidad esta meta?

  _____

- ¿Cuáles son los obstáculos que se interponen para alcanzarla? _____

- ¿Qué cambios debo hacer para superar estos obstáculos?

  _____

- ¿Quién me puede ayudar a superar estos impedimentos?

  _____

- ¿Cómo me sentiré cuando alcance esta meta?

  _____

Es importante saber la satisfacción que sentirá cuando alcance la meta. Saber qué impacto tendrá en su negocio. Parece sencillo, pero puede ser complicado. Estamos bombardeados continuamente por un sinnúmero de situaciones que nos llevan a desenfocarnos y nos impiden alcanzar nuestras metas.

Cuando hablamos de enfocarnos, nos referimos a asociarnos afectivamente a la meta. Cuando hacemos eso no desviamos la atención hacia la adversidad o el problema que nos impide alcanzar nuestra meta; al contrario, nos concentramos en el resultado que queremos conseguir.

Esto juega un papel importante, porque al decidir lo que quiere alcanzar tiene que encender los motores e invertir la energía necesaria, ya que de lo contrario los obstáculos pueden cubrir su meta y robarle sus sueños. La gran mayoría de las personas no alcanzan sus metas porque internamente crean imágenes que en vez de hacerlos verlos alcanzados, lo que observan vívidamente es la razón por la que no los han de alcanzar. Me encantan los niños, para ellos no hay nada imposible. Se enfocan en lo que quieren y no descansan hasta hacerlo realidad.

b) Cuándo alcanzarla. Establecer un tiempo definido hace que usted se comprometa a lograr la meta propuesta. Recuerdo cuando nos establecimos con nuestra familia en los EE.UU. La meta era mudarnos a Orlando, Florida. Fue en el verano de 1985, unas semanas después de regresar de unas agradables vacaciones.

Le comenté a mi esposa Candy que si algún día nos mudábamos a los Estados Unidos, me gustaría que fuera a Orlando. Claro está, sabía que para desarrollar mi carrera como conferenciante internacional necesitaba vivir en ese país. La gran mayoría de mis clientes me lo requerían. No fue hasta el nueve de agosto de mil novecientos noventa que pudimos alcanzar esa meta.

Precisamente en la fecha del cumpleaños de mis dos hijos, ellos nacieron el mismo día con un año de diferencia. Lo único que nos economizamos es la celebración del cumpleaños porque todos los demás gastos son por duplicado.

Tener la fecha definida es vital. ¿Cuándo quiere tener su negocio montado y funcionando? Esto le permitirá trabajar enfocándose con entusiasmo y determinación para superar los obstáculos que se presenten.

Regularmente antes de llegar a su meta principal debe alcanzar ciertas submetas. Por ejemplo, si quiere comprar su primer auto una submeta sería sacar la licencia de conducir. Usted puede tener el dinero para comprar el auto, pero si no está autorizado para guiarlo no podrá disfrutar de su meta.

Para establecer las fechas en las que desea alcanzar las submetas debe desarrollar un calendario con seis meses de anticipación por lo menos. Eso le permitirá identificar las posibles adversidades u obstáculos que se presenten antes de culminar su proyecto. Hace más de diez años que planifico mi calendario con un año de anticipación y los resultados son poderosos.

- Defino en qué invertiré mi tiempo con anticipación.

- Establezco lo que es importante, urgente y vital.

- Delego las tareas importantes y me enfoco en las vitales.

- Invierto mi tiempo libre en aquellas cosas que me gustan hacer.

- Sé decir no cuando me proponen negocios que no concuerdan con mi visión y propósitos.

- Planifico mis tareas con varios meses de anticipación.

- Duplico la eficiencia y el valor de mis horas.

- Alcanzo mis metas en menos tiempo.

- Me anticipo a los obstáculos y busco las soluciones.

c) Identifique el orden de las metas. Cuando comencé a escribir mi plan de negocios en mil novecientos ochenta, me deprimí y me confundí porque tenía muchos sueños y metas, pero no tenía un orden ni un plan de seguimiento para alcanzarlas. Sencillamente tenía veinticinco metas que incluían el plan de negocios que afectaba a mi familia y mi situación financiera. Necesitaba fortalecer mi aspecto educativo y físico.

En lo personal, tenía sobrepeso y el producto principal en mi negocio era yo; tenía que darle seguimiento a mi aspecto físico, revisar mi estilo de vida y fortalecer mi liderazgo. A pesar de que sabía lo que quería, no tenía un orden por el cual comenzar. Comprendí que tenía que establecer una meta, que traería una continuidad y un desarrollo integrados. Esto significa que su vida particular se integra a su negocio.

Esto es muy importante, porque a veces trabajamos sin descansar y cuando llegamos al final del camino, no alcanzamos lo que nos propusimos. Crecemos en los negocios, pero afectamos otras áreas de la vida. Hay muchas personas que instalan su negocio, invierten sus ahorros y unos años después no están disfrutando lo que deseaban. Trabajan más duro que nunca y tienen resultados no deseados. Muchos dolores de cabeza, labores siete días a la semana, con personal problemático y poco eficiente.

¿Por qué sucedió eso? Porque pensaron que lo importante era desarrollar el negocio sin importar el precio a pagar. Se desentendieron de un plan de trabajo integrado mediante el que se produjera una vida equilibrada. Se enfocaron en tener un negocio sin verificar que el mapa que estaban utilizando era el correcto. Es como si usted llegara a Nueva York y rentara un auto cuyo mapa electrónico está programado para conducir en la ciudad de Chicago.

Por más entusiasmo que tenga, por más grande que sea su compromiso no va a llegar a ningún lado, porque el mapa que está utilizando su auto es incorrecto. A veces nos sucede lo mismo a nosotros, trabajamos duro pero en la dirección incorrecta.

d) Revise sus creencias. Unos de los mapas que debe revisar primero es el de sus creencias. Hay las que le dan fuerzas y las hay las que le debilitan y lo pueden destruir. Las creencias se fortalecen con las referencias que usted aprende de la vida diaria, los consejos que recibe de sus consultores, las experiencias de sus familiares, los políticos, la prensa y los líderes de opinión.

Estos van identificando para nosotros las cosas que funcionan y las que son inoperantes. Comparo las creencias con una silla, la base sobre la que se sienta es su creencia. Digamos que usted cree que es un gran vendedor. ¿Por qué lo cree? Primero porque tiene las referencias que constituyen una de las patas de la silla. Usted vivió ciertos momentos que le confirmaron su habilidad para desarrollarse como un gran vendedor. La segunda pata de la silla la constituye el momento en que comenzó a vender algo y desarrolló la experiencia. Esta fue tan buena que le ayudo a fortalecer su confianza. La tercera pata de la silla es la certeza, y ocurre cuando lo seleccionan como el vendedor del mes. Esto le confirma que va por buen camino, está haciendo las cosas bien. La cuarta pata de la silla es la convicción que siente cuando ya ocupa la posición de vendedor del año.

En ese momento se construye una fuerza interna apoyada por un sinnúmero de referencias, experiencias y certezas que le llevan a creer profundamente, a desarrollar una profunda convicción de que es un excelente vendedor. Tenemos que identificar las creencias que nos dan fuerzas y nos confirman que podemos instalar un buen negocio. Es vital armonizar nuestras experiencias con la de nuestro equipo de trabajo. Para eso tenemos que conocer hacia dónde nos dirigimos, esto hace que equilibremos nuestra realidad con nuestras creencias. Considero que este es un buen momento para que defina las creencias que le confirman que puede montar su compañía. A continuación varias preguntas que nos abrirán los ojos:

- ¿Por qué creo que puedo iniciar mi negocio?
  _____
  _____
  _____

- ¿ Cuál sería el tipo de empresa que quiero desarrollar?
  _____
  _____
  _____

- ¿Cuáles serán los beneficios que recibiré si alcanzo la
  meta?_____
  _____
  _____

e) Desarrolle un presupuesto para cada etapa de su negocio. Esto le ayudará a identificar los recursos económicos que necesita para hacer realidad lo que persigue. Más adelante hablaremos de como conseguir el financiamiento de su negocio.

Quiero recomendarle cuatro pasos para planificar su plan de negocio:

1. Haga un análisis. Esto es vital porque así evaluamos nuestra realidad y nos adelantamos a los problemas que vamos a enfrentar, conocemos las tendencias del mercado, las oportunidades, amenazas, debilidades y fortaleza e identificamos las estrategias que nos llevaran al éxito.

Debemos conocer también las características de nuestros futuros clientes así como además las de nuestros competidores. Más adelante encontrará un cuestionario que le ayudará a definir sus clientes potenciales. Ello con la intención de conocerlos y evaluar la manera en que les puede servir mejor que su competencia.

Cuestionario de su futuro cliente:

- ¿Quién será su posible cliente? _____
  _____
  _____

- ¿Cuántos clientes potenciales cree que puede atender?
  _____
  _____

- ¿Cuáles son las expectativas de sus clientes? _____
  _____
  _____

- ¿Qué necesidades cree que va a suplirles a sus clientes?
  _____
  _____
  _____

- ¿Cuánto pagaría su cliente por su producto? _____
  _____
  _____

- ¿Por qué su cliente compraría su producto y no el de su
  competidor? _____
  _____
  _____

- ¿Quién tomara la decisión de comprar su producto?
  _____
  _____
  _____

- ¿Cómo promoverá su producto? _____
  _____
  _____

- ¿Es su producto de primera necesidad o depende del gusto del cliente? _____
  _____
  _____

- ¿Datos de su cliente? Edad, ingresos, educación, posición económica. _____
  _____
  _____

Una vez que finalice el análisis de su cliente debe evaluar a su competencia.

A continuación le ofreceré una guía para que pueda estudiarla. Recuerde que su competencia puede ser directa e indirecta. Quiere decir que si establece un restauran, no solo será importante su localización, su menú, sus precios y la calidad de servicio que ofrezca. Todo aquel lugar donde su cliente pueda satisfacer su necesidad de comida se puede considerar su competencia.

Veamos el cuestionario de sus posibles competidores:

- ¿Cuál es la participación de su competidor en el mercado?
  _____
  _____

- ¿Cuáles son las fortalezas y las debilidades de su competidor? _____
  _____

- ¿Por qué los clientes le están comprando a su competidor? _____
  _____

- ¿Cómo promueve su competidor los productos de su empresa? _____
  _____

- ¿Es el precio del competidor mayor o menor que el suyo?
  _____
  _____

- ¿Recibe su competidor apoyo de otros negocios?
  _____
  _____

- ¿Cómo piensan sus clientes acerca de su competidor?
  _____
  _____

- ¿Cuenta su competidor con buenos recursos económicos? _____
  _____

- ¿Tiene el producto de su competidor una buena presentación? _____
  _____

- ¿Qué tipo de crédito ofrece la competencia?
  _____
  _____

- ¿Existe espacio para que su empresa compita? _____
  _____
  _____

- ¿Está su competencia preparada para enfrentarse a los cambios? _____
  _____

Después de conocer a su competencia, estará en mejor disposición de realizar un análisis profundo de su negocio.

2. Establezca sus objetivos. Para alcanzar éxito en los negocios debemos tener las baterías cargadas. Es vital conocer el propósito, ya

que usted está desarrollando su negocio. Eso es lo que lo motiva a levantarse temprano todo los días a trabajar, a pagar un precio y superar grandes obstáculos. Para definir mejor sus objetivos le ofrezco una guía que le ayudará a establecer sus prioridades y propósitos.

- ¿Qué razones me motivan a montar mi negocio?

____ a) Obtener dinero

____ b) Servir a los demás

____ c) Sentir seguridad

____ d) Aceptación social

____ e) Oportunidad de crecimiento

- ¿Qué espera de su empresa en los próximos cinco años?
  _____
  _____

- ¿Qué nivel de riesgo está dispuesto a asumir? _____
  _____
  _____

- Si su negocio no es tan exitoso como espera, ¿cómo sabrá que es tiempo de salir de él? _____
  _____
  _____

- ¿Qué clase de evaluación establecerá para saber si alcanzó sus objetivos? _____
  _____

3. Establezca las estrategias. Estas se pueden definir como la acción principal que utilizará para que su negocio alcance los objetivos y el éxito deseados. Su meta principal es montar su

negocio. El primer paso es definir si va a crear un negocio desde el principio, va a comprar uno establecido o adquirir una franquicia. Debe organizar legalmente su negocio. El tipo de formato jurídico que elija dependerá de varios factores.

- Su necesidad de capital.

- El tipo de negocio que desea.

- Cuándo quiere comenzar su negocio.

- Su capacidad para financiarlo.

- El número de personas que participará.

- Su plan de negocio a largo plazo.

Para escoger su estructura legal debe considerar las siguientes preguntas.

- a) ¿Qué estructura legal (propietario único, sociedad o corporación) puede ser la mejor opción para cumplir con el propósito del negocio?

- b) ¿Qué sucedería si usted no puede continuar en la empresa?

- c) ¿Qué necesidad hay de conseguir inversionistas?

- d) ¿Se puede establecer el negocio con una estructura legal en particular?

- e) ¿Es posible disminuir el riesgo del negocio con una estructura legal concreta?

Sería interesante evaluar las ventajas y desventajas de cada una de las estructuras de negocios. La primera es de propietario único.

Este tipo de empresas pertenece a una persona. Su organización es fácil, flexible; el dueño tiene todo el control y las ganancias son para el mismo. Hay relativa libertad gubernamental para comenzar su negocio. Las desventajas de ser único dueño es que la responsabilidad legal es ilimitada, es toda suya. Hay menos capital de operación disponible y el potencial de crecimiento es limitado. La vida del negocio va a depender de usted; el financiamiento del negocio a largo plazo no se conseguirá con facilidad a menos que cuente con garantías para tomar prestado el dinero.

La segunda estructura jurídica es la sociedad. Esta es una clase de negocios en el que usted tiene una relación jurídica con dos o más personas, se llega a un acuerdo en el que se comparten las responsabilidades, los riesgos y se dispone de más capital.

Es una clase de empresa fácil de organizar; su desarrollo y crecimiento es flexible, el control gubernamental es mínimo y existen formas de recibir ayuda con facilidad. Las desventajas son varias, la responsabilidad personal es ilimitada, puede haber dificultad para conseguir financiamiento, todos los socios son responsables de las deudas en caso de que haya una bancarrota. La vida del negocio puede depender de las buenas relaciones que tengan sus socios y familiares. Podría existir dificultad en el momento de comprarle otra parte de la empresa a cualquiera de sus socios.

La tercera estructura es la corporación, una entidad jurídica independiente que con la aprobación del departamento gubernamental autorizado puede realizar negocios siempre y cuando cumpla con las leyes locales, estatales y nacionales. La responsabilidad legal de los dueños es limitada por la cantidad de inversión que tenga el accionista. La propiedad es fácil de transferir, puede tener continuidad y estabilidad a pesar que los dueños no estén presentes. Puede tener facilidad para conseguir financiamiento y el éxito del negocio descansa en la habilidad y experiencias de más de una persona. Las desventajas se podrían definir como una gran cantidad de reglamentos gubernamentales tanto locales, estatales y nacionales. Las actividades que puede desarrollar la corporación tienen que ser las que se establecen en los documentos de incorporación. Los costos para inscribir, formar y conservar una corporación son mayores. Se paga impuestos por las ganancias del individuos y la corporación.

Otra estructura legal son las franquicias. Existen más de quinientos mil de ellas en los EE.UU. La franquicia es un plan de distribución en el que un negocio asociado, que es propiedad individual, opera como parte de una gran cadena de empresas. Los productos y servicios que se ofrecen se rigen por ciertas normas. El «franquiciante» otorga el derecho al comprador de la franquicia a comercializar el producto usando su marca, la reputación, los sistemas de mercadeo y administración a cambio de pagar una suma de dinero determinada por la franquicia y además pagar anualmente una regalía del total de las ventas. Los negocios de franquicias tienen sus ventajas porque ya cuentan con su sistema de trabajo, además del prestigio y las experiencias de la cadena. Hay cierto tipo de asistencia para ayudar a desarrollar esta clase de negocio. Sin embargo, si es una persona creativa o independiente puede ser que le resulte difícil ajustarse a la política y los procedimientos de la franquicia. Las posibilidades de comprar una franquicia pueden ser interesantes, aunque le recomiendo que estudie su caso cuidadosamente.

Para evaluar la adquisición de una franquicia recomiendo la siguiente evaluación.

- ¿Qué tiempo lleva la compañía vendiendo franquicias?
  _____
  _____

- ¿Cuántas franquicias de esa cadena en particular hay en su área? _____
  _____

- ¿Cuál es la imagen que tiene la franquicia en el mercado?
  _____
  _____

- ¿Por qué cree que puede desarrollar esta franquicia?
  _____
  _____

- ¿Cuáles otras franquicias puede considerar? _____
  _____
  _____

- ¿Puede entrevistar a los concesionarios para conocer su experiencia? _____
  _____
  _____

- Discuta estas sugerencias con su abogado, su contador y con los dueños de la franquicia que está considerando. Si tiene alguna duda, póngase en contacto, en los Estados Unidos, con Federal Trade Comisión. Ellos le pueden ofrecer información sobre las reglas de juego. Puede escribir a: División of Marketing Pratice FTC Washington, D. C. 20580. Teléfono 202- 326-3128.

Evaluación para comprar una franquicia.

Nombre de la franquicia: _____

Tipo de negocio: _____

Dirección: _____
  _____
  _____

Persona de contacto: _____

_____

Teléfono: _____ Fax: _____

E-mail _____

- ¿Qué reputación tiene la franquicia en el mercado?
_____
_____

- ¿Tiene algún litigio legal la compañía? _____
_____
_____

- ¿Qué apoyo y asistencia operacional ofrece la empresa?
_____
_____

- ¿Cuáles son las reglas operativas de la cadena? _____
_____
_____

- ¿Está protegido su territorio? _____
_____
_____

- ¿Cuál es la estructura gerencial de la organización?
_____
_____

- ¿Qué asistencia o apoyo continuo ofrece el que concede la franquicia? _____
_____
_____

- ¿Cuál es la inversión inicial para adquirir la franquicia?
_____

- ¿Cuánto hay que pagar de regalía anualmente?
  _____
  _____

- ¿Tiene derecho a vender su franquicia?_____
  _____
  _____

- ¿Cuáles son las condiciones para renovar o cancelar la franquicia? _____
  _____

Es hora de empezar a escribir su plan de negocios. Usted ha contestado muchas preguntas, es conveniente organizarlas para poder establecer el plan de acción a seguir y orientar a su equipo de trabajo en referencia a los pasos a dar. A continuación encontrará una guía que le servirá para desarrollar su plan.

1. Descripción de su negocio

   a) Elija un nombre

   b) Elija una ubicación: Dirección física/Postal/Electrónica

   c) Teléfonos/Fax

   d) Productos o servicios

   e) Experiencia gerencial

2. Presentación del negocio

   a) Visión

   b) Misión

   c) Metas

   d) Objetivos

3. Presentación de las necesidades financiera y uso de los fondos

   a) Necesidades para comenzar

   b) Necesidades para el desarrollo

   c) Necesidades para la expansión

4. Proyección de ingresos y ganancias

   a) Ingresos potenciales

   b) Inversiones

   c) Gastos

   d) Ganancias

5. Análisis del mercado

   a) Descripción del mercado

   b) Tendencias de la industria

   c) Segmentos del mercado no tocados

   d) Competencia

6. Presentación del producto o servicio

   a) Descripción de producto o servicio

   b) Posición del producto/Patentes/Derechos

   c) Comparación con los productos de la competencia

7. Proceso de manufactura

   a) Materia prima

   b) Fuentes de abastecimiento

   c) Métodos de producción

8. Estrategias de mercadeo

   a) Global

   b) Política de precios

   c) Métodos de venta

   d) Promoción

   e) Distribución

   f) Servicio al cliente

9. Plan de acción gerencial

   a) Cómo está organizado su negocio

   b) Composición de la junta de asesores

   c) Equipo de trabajo: Funciones y responsabilidades

   d) Historial del personal clave

   e) Número de empleados

   f) Plan operativo para los próximos tres años

10. Plan financiero

   a) Estados financieros (pasados tres años)

   b) Proyección financiera de los próximos cinco años

      * Estado de ganancias y pérdidas

      * Hojas de flujo de efectivo

      * Estimado de incremento de capital

   c) Explicación de las proyecciones

   d) Argumentación de la necesidad de capital

Escriba y revise su plan, no tema cambiar, los negocios están sujetos a modificaciones continuas; por tanto, hay que estar en capacidad de ajustar los planes de acuerdo a la realidad del mercado.

Si decide comprar un negocio establecido le recomiendo que considere la siguiente evaluación que le servirá de guía para tomar la decisión correcta:

Nombre del negocio _____

_____

Nombre del dueño del negocio: _____

_____

Teléfono: _____ Fax: _____
E-mail: _____

Años de establecido: _____

Tipo de negocio: _____

Dirección física: _____

_____

¿Por qué se está vendiendo este negocio? _____

_____

¿Cuál es el historial de esta empresa? _____

_____

¿Es rentable o no? _____

¿Qué es lo que se adquiere con esta compra?

- Cuentas a cobrar y a pagar

- Clientela establecida

- Nombre del negocio

- Inventario

- Personal

- Marca comercial, patentes

- Edificio

¿Cuál es el precio de venta de esta empresa? _____

_____

¿Cuál es su valor real en el mercado? _____

_____

¿Cómo lo va a financiar? _____

_____

¿Qué recursos adicionales necesita?_____

_____

Después de completar este capítulo espero que tenga una visión más amplia de los pasos a seguir para planificar su negocio. Le recomiendo que establezca un equipo de trabajo que le ayude a desarrollar su plan de trabajo. Se va requerir determinación, flexibilidad, compromiso y mucho trabajo, pero le garantizo que la satisfacción que sentirá al ver su negocio funcionando justificará todo el esfuerzo realizado.

Capítulo 2

ORGANICE SU NEGOCIO

Una vez decidido el tipo de negocio es muy importante escoger un buen nombre. Si compró un negocio establecido puede ser que le convenga dejar el que tiene, ya que es conocido por su clientela. Si adquirió una franquicia no tiene que ocuparse de esto porque ya está establecido en la negociación. Si está creando su negocio, entonces debe pensar y estudiar qué nombre le pondrá.

Elija un nombre que describa el propósito de su empresa, que sea amplio para añadir otros productos y servicios, si su persona goza de buena credibilidad en la comunidad podría utilizar su nombre. Claro está, esto implica que si fracasa su negocio puede afectarse su imagen. Una vez escogido el nombre es importante verificar que esté disponible. Consulte la guía de teléfonos, el Internet, la oficina de licencias comerciales del estado o un directorio de marcas comerciales.

La elección del nombre de su empresa es una decisión muy importante y no debe hacerse deprisa, tómese su tiempo, verifique si se siente a gusto con él, si proyecta su imagen y si está disponible.

Estamos entrando en la etapa de darle personalidad a su negocio. La imagen de su empresa juega un papel determinante. Una buena impresión se puede lograr en treinta segundos, pero borrarla o cambiarla puede costar mucho tiempo y dinero. A veces no hay oportunidad para cambiar esa mala imagen y nos puede costar la vida del negocio.

Comencemos bien desde el principio. Desde que usted comienza a hablar de su negocio con sus proveedores, empieza a operar; por tanto, tendrá que ofrecer la impresión de que su negocio es una operación seria con una base sólida.

Reclute un buen artista que le diseñe un logotipo que transmita la imagen, el objetivo y la razón de su negocio. Uno que desarrolle la identidad del mismo. Su identidad gráfica, su representación visual se transmite a través del papel membreteado, los sobres, las tarjetas y el folleto de presentación. Contar con una buena presentación visual facilitad que se le reconozca, se le recuerde y se le respete como un negocio establecido en un mundo competidor.

Imprima su tarjeta de presentación tan pronto como pueda, esto le dará credibilidad a su empresa y a las personas que están haciendo negocio con usted, tendrán una referencia de su actividad mercantil. A su vez evalúe las tarjetas que recibe y se dará cuenta de que a veces es difícil recordar de qué se trata el negocio de esas personas, sin embargo, hay las que usted ve una vez y las recordara por el resto de su vida.

Cuando esté diseñando la tarjeta revise los siguientes puntos:

- El logotipo, ¿describe a su negocio?

- El nombre de su compañía, ¿es fácil de recordar?

- La tarjeta, ¿tiene su nombre, cargo, dirección, teléfono y fax?

- La tarjeta de presentación puede llevar un enunciado de lo que ofrece su negocio.

- Los colores y las letras deben causar una buena impresión.

Su tarjeta de presentación debe indicar qué hace su negocio, dónde esta localizado y cómo se pueden comunicar con usted.

Desarrollar un buen folleto de presentación de su empresa es valioso, es otra herramienta poderosa que puede impactar, motivar y convencer a su cliente potencial de que usted es el recurso que necesita.

El folleto es un artículo de promoción que contiene información de su negocio. Recuerde que debe incluir lo siguiente:

- Nombre de su compañía.

- Dirección física y postal de la empresa.

- Números de teléfonos, fax y correo electrónico.

- Descripción de la persona clave, con su currículum y su foto.

- La presentación de su producto, sus características y beneficios.

- Su enunciado de propósito, la misión de su negocio presentando su filosofía y su meta de ofrecer un buen servicio.

- Testimonios de clientes satisfechos.

De usted estar completamente satisfecho con la labor que ha realizado el artista gráfico, entonces le recomiendo que establezca una lista de los materiales impresos que su compañía utilizará para promoverse y ofrecer servicio a sus clientes.

Algunos de estos materiales son los siguientes:

- Folletos de presentación

- Tarjetas de presentación

- Sobres de cartas

- Volantes

- Facturas

- Papel carta

- Carpetas de presentación

- Órdenes de compra

Hágalos en una imprenta de calidad, que imprima con los colores adecuados, en el papel idóneo y a precio conveniente. Consiga varias cotizaciones antes de imprimir y se dará cuenta de la diferencia en precio, claro que a veces lo barato sale caro.

Elija la localización de su negocio, esto tiene relación directa con el tipo de empresa que decidió establecer. Se debe considerar qué necesidad va satisfacer en el mercado, si sus clientes le visitarán para comprar su producto o si usted irá directamente a sus clientes. En caso de que reciba a sus clientes en su oficina debe considerar la ubicación del mismo. Utilice un mapa del área en que está considerando instalar su empresa, evalúe donde está localizado su mercado y cuán accesible está para sus futuros clientes. Verifique si existen buenas vías de comunicación, si hay un buen flujo de automóviles, si el estacionamiento es adecuado. A sus clientes les preocupa la seguridad. Consulte con la policía del área e identifique los focos de peligrosidad y cómo le puede afectar.

Otro punto importante es analizar la ubicación de la competencia, averigüe dónde está su competidor, cuál es su volumen de ventas. No le tenga miedo a su competencia. En estos tiempos, muchos negocios son exitosos aun estando al lado de la competencia. Ejemplo de ello son los restaurantes, las ventas de autos, los servicios profesionales y otros. El costo de su local es un punto importante. Uno económico no siempre es el mejor. Y si lleva mucho tiempo cerrado debe averiguar el porqué, ya que esa ubicación puede afectar la imagen de su negocio.

Antes de firmar un acuerdo de arrendamiento, consulte con su abogado o un agente de bienes raíces o inmuebles. Esta es una decisión vital para el futuro de su empresa y hacerla mal le puede costar mucho dinero. Evalúe lo siguiente:

- El costo por metro o pie cuadrado del local, ¿lo puede pagar su empresa?

- ¿Cómo compara el costo con otras propiedades en el área?

- ¿Quién pagará la remodelación del local?

- ¿Cuáles son las condiciones de renovación y cancelación?

- ¿Tiene derecho a subarrendar el local?

- ¿Qué restricciones locales o estatales tiene la propiedad?

Un contrato de arrendamiento es una transacción jurídica, obligatoria de cumplir, es importante que estudie todas sus cláusulas y que estas se ajusten a la realidad de su negocio. A continuación le ofreceré una hoja de evaluación que le ayudará a analizar la localización de su empresa y si cumple con sus necesidades.

Dirección del negocio: _____

Nombre y dirección del agente de bienes raíces: _____

_____

Número de metros o pies cuadrado y su precio: _____

_____

Historial del local: _____

_____

¿Cumple la ubicación con los objetivos del negocio? _____

Tráfico de clientes potenciales: _____

Facilidades para recibir a los proveedores: _____

Nivel de la criminalidad en el área: _____

El ambiente de los negocios vecinos ¿es adecuado? _____

¿Se cumple con las normas del uso comercial? _____

Disponibilidad de los recursos humanos: _____

Sueldos que se pagan a los empleados en el área: _____

Impuestos que se pagan en la zona: _____

Evaluación de su local y la competencia: _____

_____

Recomiendo que verifique el área en la que piensa montar el negocio, salga a la calle y observe, pregunte, tome nota de las características positivas y negativas del local. Sugiero, además, que solicite los servicios de un agente de bienes raíces especializado en negocios. Regularmente esos agentes tienen una lista de locales calificados para instalar negocios.

Si su empresa no recibirá visitantes, será usted quien visite a sus prospectos y clientes, de modo que puede escoger una oficina compartida, de esas que le ofrecen los servicio secretariales, de fax, fotocopias, salones de reuniones y una imagen profesional de negocios. Muchos de los que han participado en nuestros seminarios «Cómo montar su negocio» empiezan en sus casas y según crece su empresa van expandiendo su área operacional.

Establezca una relación con un banquero. En los días en que vivimos no es fácil establecer una relación profunda con uno de ellos en particular, ya que los rotan continuamente y se desarrolla una relación impersonal dado que el cliente no es más que un número de cuenta. Con los servicios bancarios a través de Internet esto aumentará, aunque no debemos ocultar que el banco cibernético facilita los servicios del convencional si uno cuenta con los requisitos que exige.

Antes de establecer cuál será su banco es muy importante meditar, estudiar y preguntar. Por ejemplo:

- ¿Cuáles son las tasas de interés en los préstamos comerciales?

- ¿Cuál es el costo de los servicios de la cuenta de cheque?

- ¿Cuál es la política de crédito?

- ¿Están cerca de usted las sucursales?

- ¿Con qué rapidez estarán disponibles los depósitos que realice?

Comience identificando a quien conoce, es importante tener un punto de partida. Recomiendo que pregunte a sus amigos cómo les ha ido con su banco, si conoce algún banquero en especial. Prepárese y haga una cita para conocer a su banquero. Vaya preparado para presentarle su plan de negocio y su necesidad financiera.

Algunas de las preguntas que le puede plantear a su banquero son:

- ¿Qué programa de préstamos ofrece su banco para las pequeñas empresas?

- ¿Qué clase de cuenta bancaria ofrece su banco?

    a) ¿Cuáles son los costos bancarios por servicios?

    b) ¿Cuál es la política por cheques devueltos?

    c) ¿Ofrece el banco protección por sobregiro?

    d) ¿Brinda la institución servicios de tarjetas de crédito?

    e) ¿Ofrece servicios de banca electrónica?

Comience la relación con su banco después de evaluar que la institución se ajusta a las necesidades de su negocio. Es importante separar su cuenta de cheques personal de la comercial. Consulte a un contador para que le ayude a organizar su contabilidad.

Otro punto importante es el tema de los seguros. Es vital entender que vivimos en una sociedad altamente legalista, donde cualquier persona se puede ver involucrada en una demanda judicial. Existen muchas áreas en la que usted se tiene que proteger, las podemos dividir en dos grupos, por ejemplo:

- Responsabilidad como propietario:

    a) Responsabilidad pública

    b) Responsabilidad por daños a la propiedad

    c) Responsabilidad con sus productos

    d) Seguros de incendio, terremoto, inundaciones

    e) Interrupción mercantil

    f) Seguro de vehículos

    h) Seguro de robos

- Seguros de vida y médicos

    a) Seguro de vida y accidentes

    b) Seguro de incapacidad

    c) Seguro de salud

    d) Programa de retiro

La selección de un agente de seguros es muy similar a la de un banquero. Requiere análisis, estudio y verificación de la información que recibe. Identifique a un agente de seguros que tenga experiencia en el área comercial. Pida referencias de él y de las compañías que representa en la oficina gubernamental de seguros. Posiblemente necesite más de un agente de seguros, con toda probabilidad tendrá uno especializado en vida, inversiones, beneficios marginales y salud, y otro en seguros de la propiedad. Casi siempre los pequeños negocios adquieren lo que se conoce como la «póliza de dueño de negocio» que incluye la cubierta de protección de la propiedad, responsabilidad pública y actos criminales. Este tipo de protección es más económica que si comprara la individual.

La inversión en sus pólizas de seguro es determinante en la protección de la empresa. Revise cuáles seguros son obligatorios, los más necesarios y los deseables. Presupueste en su plan una partida para proteger su inversión.

El tema de los seguros es cambiante en cada país, no es nuestra intención asesorarle respecto a qué seguro necesita o debe comprar. Sin embargo, queremos crear conciencia de que es un tema importante en la vida de cualquier negocio. Consulte a un profesional de la industria de seguros licenciado en su país y le ayudará a definir sus necesidades de protección.

Obtenga financiamiento para su negocio

La gran mayoría de los empresarios que inician su negocio necesitan ayuda para financiarlo. Casi siempre es más fácil conseguir un préstamo para un auto o una hipoteca para una casa que dinero prestado para comenzar una empresa. Cuando empiece a estudiar las posibles alternativas para financiar su negocio pregúntese lo siguiente:

- ¿Será necesario pedir dinero prestado? Es posible que su empresa pueda arrancar con las ventas que realice antes de comenzar su operación.

- ¿Cuánto dinero se necesita para comenzar? Si tiene su plan de negocios podrá determinar la cantidad que necesitará para abrirlo, operarlo los primeros seis meses y cubrir cada etapa para desarrollar su plan.

- ¿Qué tipo de préstamo va a requerir? Para poder conseguir dinero para su negocio debe conocer cómo lo va a invertir. Existen distintos tipos de préstamos.

  a) Prestamos a corto plazo. Con los que se puede comprar mercancía o materia prima para su negocio y se puede pagar en menos de un año.

  b) Prestamos a largo plazo. Con los que recibe el dinero para adquirir maquinarias, edificios o ampliar su operación.

- ¿Quién le puede prestar el dinero? La primera opción son los bancos. Así que debe estar preparado para convencer al banquero de que usted se compromete a hacer realidad su plan de negocios.

  El banquero, por su parte, le hará las siguientes preguntas:

  ¿Cómo se va a emplear el dinero?

  ¿Quién se hace responsable de pagar el dinero?

  ¿Qué tipo de garantía respaldará el préstamo?

  ¿Cómo esta su récord crediticio?

  ¿Cuál es la proyección de su negocio a largo plazo?

  ¿Tiene experiencia en este tipo de negocios?

La segunda opción es un inversionista, regularmente estas personas están dispuestas a arriesgar su dinero en un negocio con potencial de crecimiento. Los inversionistas son personas sumamente ocupadas y bombardeadas por muchas necesidades financieras. Es muy productivo que su propuesta sea muy bien presentada, además de explicada en una forma precisa y eficiente. Los inversionistas le dan mucha importancia al equipo gerencial, a las referencias comerciales, a su experiencia en el tipo de empresa. A ellos les interesa que su dinero produzca un rendimiento anual mayor al veinticinco por ciento y así recuperarlo antes que madure el negocio.

Cuando vaya a presentar una propuesta de inversión revise que sea fácil de entender y atractiva al inversionista. Le sugiero el orden que debe llevar.

- Nombre del negocio

- Propósito

- Financiamiento requerido, por qué y cómo se usará.

Estrategia de mercadeo, cuál será el mercado que le servirá y el costo para alcanzarlo.

- La historia de su empresa, el producto y el equipo de trabajo.

- Descripción del producto o servicio que ofrecerá.

- Estado financiero de los pasados tres años.

- Datos de los dueños del negocio y empleado clave.

- Principales clientes y acreedores.

- Ventajas de su negocio y cómo le ayudarán a tener éxito.

Hay otras opciones en cuanto a cómo vender una parte de su negocio o conseguir que sus proveedores le ofrezcan crédito para comenzar la distribución.

Existen distintas fuentes de financiamiento como por ejemplo:

- Banqueros inversionistas
- Bancos comerciales
- Amigos y familiares
- Compañías de seguros
- Consultores financieros
- Socios privados
- Proveedores
- Futuros clientes

Capítulo 3

LA ADMINISTRACIÓN DE SU NEGOCIO

¡No dependa de la suerte para alcanzar lo que desea! ...
Construya, paso a paso, ya sean relaciones amistosas
u oportunidades.

Bárbara Bush

Los sueños, sin un plan de trabajo, se convierten en ilusiones. Ya analizamos la importancia de tener un plan de negocios para la empresa a desarrollar. Igualmente planteamos la forma correcta de poner en marcha los puntos del documento maestro del plan de negocios. Nos ocuparemos ahora de cómo ejecutar ese plan.

La administración se utiliza desde el año dos mil antes de Cristo, las primeras civilizaciones ya demostraban la aplicación de técnicas de administración en el desarrollo de sus negocios. La administración ha seguido evolucionando según cambia la forma de hacer negocios. Una transformación significativa se observó en la producción en la época feudal. Los campesinos recibían terrenos para sembrarlos. Lo que producían era para el dueño de las tierras. A cambio de su lealtad al señor feudal o dueño de las tierras, aquellos obtenían sustento, seguridad y protección, ya que el gobierno no podía ofrecerla. El beneficio neto del rendimiento de las tierras era para el dueño conocido como señor feudal. Este sistema empresarial dominó los negocios hasta que llegó la revolución industrial.

Ese período (1750-1880) llamado «Revolución Industrial» produjo el cambio de una economía agrícola a una industrial. Las industrias trajeron la necesidad de desarrollo de un grupo de profesionales especializados en la administración de recursos de las empresas. Ella motivó a los estudiosos de la conducta humana para que desarrollaran ciertas teorías a fin de facilitar el desarrollo de los administradores. Se destacan entre ellos Frank W. Taylor y la teoría de administración científica; Henry Gantt, que creó lo que se conoce como la Tabla Gantt, para trazar el tiempo del desarrollo de proyectos; Frank y Lillian Gilbreth, que desarrollaron medidas y estudios de tiempo en el trabajo; Henry Fayol y sus estudios sobre administración; Elton Mayo con los análisis Hawthorne y las relaciones humanas.

Surgen también en esa evolución, variadas teorías sobre lo que motiva al ser humano, con otros tantos nombres como las teorías X y la Y, de Douglas McGregor. También se desarrolló la teoría Z. Ellas son conjuntos sistematizados de opiniones o ideas acerca de un tema determinado.

La teoría X plantea que el ser humano tiene un rechazo natural al trabajo y que realiza este por motivos de supervivencia. Por lo tanto, lo evita siempre que sea posible.

La teoría Y propone que el uso del esfuerzo físico y mental de parte del ser humano en el trabajo es tan natural como el juego o el descanso, siempre y cuando exista recompensa por los logros obtenidos en el alcance de los objetivos.

Por otro lado se presenta la teoría Z. Esta es una combinación de los estilos de administración usados en Estados Unidos y en Japón. Y afirma que las personas necesitan metas y objetivos, de lo contrario no pueden desarrollar su progreso ni el de la empresa que dirigen o en la que trabajan. Presenta, además, esta teoría que la motivación es esencial para el desempeño y debe ser reforzada positiva o negativamente por la gerencia. Que la motivación más eficaz se deriva del reconocimiento, tanto de los compañeros como de la gerencia y en menor grado de las promociones o recompensas.

También plantea esta teoría que tener metas y ofrecer motivación solamente no evita que los asociados cometan errores. El gerente o dueño debe corregir las acciones de los asociados mediante los sistemas escritos para que las metas puedan alcanzarse de la misma manera, la mayoría de las veces. Finalmente, postula esta teoría que las metas deben ser flexibles y cambiadas según las condiciones laborales y las necesidades del negocio lo requieran. La teoría Z es la base de muchos planes de negocio preparados por compañías con éxito.

La administración se define como el arte de lograr que las cosas se hagan mediante el uso de los recursos humanos. En un sentido amplio, la administración es el proceso de planificar, organizar, dirigir y mantener en control el trabajo de los miembros de la organización usando adecuadamente los recursos disponibles para lograr las metas establecidas.

Un proceso es una manera sistemática de hacer las cosas. Se define la administración como un proceso dado que las cuatro actividades principales que la componen se interrelacionan constantemente entre sí. Estas actividades son:

1. Planificar. El puente entre el presente y el futuro es actuar respecto a las metas anticipadamente en una forma documentada, no por una corazonada o presentimiento.

2. Organizar. Es coordinar los recursos de la empresa, tanto humanos como materiales.

3. Dirigir. Es la manera en que dirigimos e influenciamos a nuestros asociados para que realicen las tareas esenciales y necesarias.

4. Controlar. Modo en que aseguramos que la empresa se mueve en la dirección correcta para alcanzar las metas trazadas.

Cuando decidimos establecer nuestra propia empresa, nos convertimos en administradores de las actividades mencionadas. Somos los responsables de la planificación, organización, dirección y control de la empresa. Veamos estos cuatro puntos con más detalle.

Planificar

¿Qué es planificar? Es organizar el pensamiento antes de actuar. En este proceso de planificación se establecen objetivos y medios para alcanzarlos. Cuando planificamos traemos el futuro al presente. Esto permite describir las metas y objetivos, tanto de la empresa como los personales. Al trazarlos anticipadamente en un plan podemos controlar la forma de alcanzarlos. La planificación es lo opuesto a la improvisación. Esta es hacer algo sin haberlo preparado o planificado de antemano.

Lamentablemente, muchas empresas y personas en el diario vivir se rigen por la improvisación. No obstante debe evitarse si se quiere tener éxito. Muchos fracasan en sus negocios porque no invierten tiempo en la planificación.

Además, no debemos confundir la improvisación con la creatividad. En el proceso de planificar debe emplearse la creatividad. Esta es la capacidad humana para imaginar o producir ideas que generen soluciones. Es importante ser creativos o tener personas así en el equipo de trabajo, que promuevan ideas que se puedan implementar en el proceso de planificación. Estas personas deben estar presentes en el proceso administrativo, principalmente en la planificación. Su capacidad creativa no se limita a producir ideas. Pueden también usar su creatividad analizando las ideas del grupo.

Si tenemos personas creativas en el grupo debemos animarlas y respaldarlas en su proceso creativo. Por lo general, el creativo interrumpe su trabajo para atender cuando surge una idea; puede hablar en un tono de voz alto; parecer estar soñando despierto o ajeno a su realidad, momentáneamente, no le presta atención al ambiente que le rodea; a su manera de vestir, o puede tener una apariencia diferente a lo que estamos acostumbrados; simplemente puede ser distinto. Es diferente porque se atreve a soñar y a poner en marcha su creatividad. Animemos a estas personas y ofrezcámosles apoyo. Nuestra empresa necesita personas creativas.

Planificación formal e informal

La planificación puede ser formal (escrita) o informal (impresiones mentales o simples notas en papel).

Planificación formal

La planificación formal o escrita es la forma más segura para alcanzar el éxito. Para ello debe tener una agenda con los siguientes puntos como base:

1. Un resumen ejecutivo. Redactar un resumen de los puntos sobresalientes del negocio.

2. Visión y misión de la empresa. Esto permite visualizar en qué punto se encuentra la empresa, hacia dónde va y cómo se verá en el futuro; presenta también en esta sección las metas y objetivos del plan.

3. Sinopsis de la empresa. Proveer información básica de la empresa incluyendo: estructura organizativa, grupo gerencial y alianzas estratégicas.

4. Estrategia de producto. Describe los productos o servicios del negocio, destacando su ventaja competitiva. También se indican los planes para el desarrollo de los productos existentes y los potenciales.

5. Análisis de mercado. Esto define el mercado a servir, incluyendo un perfil de los clientes, la competencia y los riesgos del propio mercado.

6. Plan de mercadeo. Aquí se describe la estrategia de ventas, la publicidad, promoción y relaciones públicas.

7. Plan financiero. Describe, analiza y muestra los requerimientos de capital y el potencial de ganancias.

Estas secciones pueden ser la base para uno de tres tipos de planes que usted puede preparar:

1. Plan de negocios completo. Indispensable para empresas grandes o con necesidad de mucho dinero para operar. El plan de negocios completo es una herramienta de apoyo para conseguir fondos o alianzas con otras compañías con capacidad económica para invertir en empresas pequeñas.

2. Plan de negocios resumido. Un formato de diez a quince páginas que contiene la información necesaria acerca de la operación del negocio y hacia dónde se dirige. Es valioso para empresas pequeñas, principalmente para respaldar solicitudes de fondos para necesidades inmediatas o establecer líneas de crédito. También se usa para reclutar ejecutivos o hacer alianzas con otras empresas.

3. Plan operacional. Es un documento interno preparado en una empresa con cierto tiempo de existencia para enfocar el equipo de trabajo de manera que se logren nuevas metas y objetivos. Un buen plan operacional debe revisarse anualmente.

La planificación formal tiene ventajas y desventajas. Entre las primeras se destaca la existencia de registros de los objetivos de la empresa y la forma de alcanzarlos. Otra ventaja es que integra los esfuerzos de la organización y sus componentes en el alcance de los objetivos y las metas. Planificar detalla los recursos necesarios para alcanzar los objetivos. Además, precede y une los otros componentes de una buena administración: organización, dirección y control.

Algunas de las desventajas de la planificación pueden ser la inflexibilidad ante un ambiente de cambios constantes, lo que hace que las proyecciones erróneas puedan ser parte del plan. Estas desventajas pueden ser costosas con relación a los beneficios obtenidos.

Planificación informal

La planificación informal permite la acción rápida y puede agilizar el proceso. Sin embargo, no tener documentado debidamente el plan de la empresa, pone en riesgo el hecho de que se puedan concretar y obtener los resultados deseados a corto y largo plazo. La planificación informal puede llevar a la improvisación y así a que se pierda la visión de lo que se desea lograr. Esto, por sí solo, limita el potencial de crecimiento de la empresa.

Tipo de planes para la empresa

El proceso de planificación exitoso debe reconocer la importancia de los diferentes tipos de planes.

1. El plan estratégico corporativo puede catalogarse como un plan de negocios completo. Este fija la dirección de la corporación contestando la pregunta: ¿En qué tipo de negocio estamos?

El plan de negocios puede calificarse como un plan de negocios resumido. Este responde a la pregunta: ¿Cómo competimos en el tipo de negocios que estamos? El plan operacional alega: ¿Quién hace qué en la empresa, en qué tiempo y con qué recursos?

Existen programas para computadora que agilizan el proceso de preparar un plan para nuestra empresa. Uno de los más conocidos y usados, tanto por las empresas como en las universidades es el BizPlan Builder Æ, de JIAN Tools for Sales, Inc. También hay libros especializados en esta materia. Estos enfatizan la importancia de planear con anticipación lo que queremos que ocurra en la empresa que dirigimos. Si usamos una de esas herramientas, el proceso de planificar se facilita. También hay consultores especializados en estos planes. Sea que lo hagamos usando las herramientas existentes o que contratemos a un consultor, debemos planificar el futuro de la empresa.

Plan personal

Además de los planes que desarrollamos para la empresa, debemos desarrollar uno diario, semanal, mensual y anual para nosotros en el plano personal. Es necesario organizar nuestras actividades para ser más eficientes en el uso de nuestro tiempo para alcanzar nuestras metas y objetivos.

Hay en el mercado varios sistemas especializados para apoyar a las personas con la planeación de su tiempo. Debe seleccionar entre esa variedad, uno con el cual usted se sienta cómodo, que sea portátil y fácil de manipular. La tecnología permite contar con un planificador personal digital, que se integra a las computadoras y los equipos de comunicación más comunes como el teléfono. Estos planificadores personales digitales son de bolsillo (pequeños en tamaño), y fáciles de maniobrar, una vez se familiarice con ellos. Sea en papel o digitalmente, es necesario llevar una agenda personal para la planeación eficiente de su tiempo.

Para ser más eficaces en el uso del tiempo, debemos hacer un espacio en nuestra agenda para planificar nuestras actividades diarias. Este tiempo de planificación puede ser al finalizar la jornada, para así planificar las tareas del día siguiente o al comienzo de cada día. Además, es útil para agrupar las tareas a realizar en tres categorías: importante, urgente y vital.

1. Importante. Es algo que hay que hacer, pero que puede esperar hasta el siguiente día para hacerlo. No es algo que se pueda catalogar como de vida o muerte.

2. Urgente. Lo que no se puede posponer, pero puede ser delegado.

3. Vital. Algo que debe hacerse ahora mismo porque está relacionado con sus metas y objetivos.

Lo más elemental de ese proceso de planificación es elaborar una lista de las tareas necesarias para ese día en particular. Lo primero a incluirse son las tareas que no se pudieron realizar en el plan anterior. Luego, las asignaciones para ese día. Una vez completada la lista, se le da el rango de prioridad: importante, urgente y vital. Igualmente importante es asignar un número a cada tarea luego de clasificada. Por ejemplo: Si hay tres tareas clasificadas como urgente, se deben calificar según la urgencia de cada una.

Luego de preparada la lista, debe asignarle un horario a cada tarea. De esta manera hacemos mejor uso de nuestro tiempo en las labores más productivas.

Por último, debemos crear el hábito de consultar la agenda con frecuencia durante el día. Esto nos permite desarrollar el plan según fue planeado o ajustarlo de acuerdo a la necesidad. Así nos mantenemos enfocados en hacer trabajar nuestro plan.

Le recomiendo que separe tiempo para planificar el futuro de su empresa con ideas como planes de mejoramiento y crecimiento personal. Luego, documente dicho plan y utilícelo como herramienta de trabajo. Notará los cambios en cuanto al mejor uso de su tiempo poco después de haber desarrollado el hábito de planificar.

Organizar

Organizar es agrupar las diferentes actividades de la empresa, incluyendo relaciones entre asociados, tareas y funciones, para lograr el uso más provechoso de los recursos humanos, materiales, físicos y financieros. Al organizar debe tenerse en consideración el crecimiento de la empresa, los cambios en el ambiente empresarial, la relación entre la estructura organizativa y las estrategias de la empresa así como el uso eficiente de la tecnología.

El crecimiento de la empresa

La organización del negocio debe tener como base el crecimiento esperado. Es importante tener al día el conocimiento del mercado al que serviremos, el perfil de los clientes potenciales, la competencia a la que nos enfrentamos y los riesgos que el crecimiento planeado puede representar, entre otros factores.

Cambios en el ambiente empresarial. El debido análisis del ambiente permite identificar las oportunidades que el mercado representa y las amenazas que enfrentamos al competir por una posición. Hay factores económicos, como modificaciones en la tasa de interés que pueden afectar a las empresas. También lo hay sociales y de clase que afectan favorable o negativamente al crecimiento de negocio. Por eso es importante conocer el poder adquisitivo del mercado al que servimos. Los factores políticos pueden afectar los negocios, principalmente en el desarrollo e implementación de leyes y regulaciones para controlar o regular la forma de comerciar. No menos importante es el factor ecológico o el equilibrio entre el ser humano y el ambiente. Las empresas deben tener presente en su forma de hacer negocios, la protección del ambiente. Esto cobra mayor fuerza en estos últimos años con la intervención de los cuerpos voluntarios de los defensores de la ecología.

Relación entre estructura organizativa y estrategias

Es necesario conocer cuáles son las fortalezas y debilidades de la empresa. Esto permite preparar medidas para corregir y mejorar las debilidades y, además, enfatizar en sacarle provecho a las fortalezas. Ese conocimiento permite a la empresa reaccionar a tiempo ante los cambios que ofrecen buenas oportunidades. Por eso es necesario evaluar periódicamente la operación de modo que se pueda actualizar la posición competitiva en el mercado y mantener vigente la relación de la estructura de la organización con las estrategias de negocio.

El uso eficaz de la tecnología

La tecnología y sus cambios es otro factor importante que afecta el ambiente empresarial. El auge que sigue desarrollando el comercio electrónico en la forma de hacer negocios es un factor clave en el éxito de las empresas que se establezcan en el futuro. Igualmente relevante es participar con eficiencia en el mercado usando los medios de comunicación disponibles. La base de la tecnología es la computadora. Debemos tener y usar un equipo compatible con el volumen de negocios que la estructura organizativa y las estrategias demanden.

Hay que ser cautelosos al adquirir un equipo que sea útil al presente y permita el crecimiento del negocio sin salir al mercado a invertir nuevamente en equipo, al menos por tres años. Debe consultarse a los especialistas en sistemas de información en cuanto al equipo apropiado para la empresa. La consulta debe incluir la programación («software») que el sistema computarizado debe usar para su efectividad. La programación debe contener un procesador de palabras, para manejar la comunicación escrita; una base de datos para el manejo de información y redacción de informes y gráficas; programa para el manejo de la lista de clientes; para el empleo de la contabilidad y los análisis financieros, entre otros.

Además del computador, la empresa debe contar con un sistema de teléfonos con las líneas necesarias. Se sugiere que sean separadas para la comunicación telefónica, el fax e Internet. De esta manera, un medio de comunicación no interfiere con el otro. El teléfono móvil y los busca personas [beeper] son una necesidad para mantener una comunicación eficiente. Sin embargo, deben usarse con prudencia, tanto por el costo de uso, como en los lugares en los que los empleamos. En algunos sitios es una violación a la ley hablar por teléfono mientras se conduce. Igualmente son de mal gusto las interrupciones por el sonido de estos equipos mientras participamos de adiestramientos, reuniones, actos religiosos, entre otros.

Al organizar debemos tener en cuenta el rol cada vez más prominente de la mujer en la fuerza laboral, a todos los niveles. Debemos cuidarnos de la discriminación en todos los aspectos y cumplir con las leyes aplicables al empleo. Igualmente relevante es proteger los derechos de los envejecientes, las minorías y las personas incapacitadas.

Organizar brinda poder en la organización. El poder es la habilidad de hacer que otros actúen según sea necesario. Puede derivarse de la fuerza, la coerción o el control de los recursos.

También al organizar se define la autoridad. Esta constituye el derecho legítimo a mandar. La autoridad exige responsabilidad. Responsabilidad es la capacidad de responder por sus actos y por los de las personas a su cargo para realizar la tarea asignada. Esa autoridad es dada por la organización o derivada de la ley y aceptada al ocupar la posición.

Hay dos formas de organizar. Se reconoce la forma centralizada y la descentralizada.

Forma de organizar centralizada

Esta se refiere a la concentración del poder en las posiciones gerenciales altas.

Forma de organizar descentralizada

Se destaca porque delega (transferir autoridad a una persona para realizar una tarea o tomar decisiones) como forma de reducir la burocracia organizacional. Esto transfiere autoridad a los niveles inferiores de la estructura organizacional de la empresa. La tendencia de este tiempo al organizar es hacia el apoderamiento [empowerment]. Esto significa dar poder a otra persona para que lo represente, para que tome decisiones y las implemente. Este proceso requiere una transformación cultural de la empresa y sus directivos para permitir que a diferentes niveles existan ciertos grados de autoridad que faciliten y agilicen el proceso organizativo y el desarrollo de los negocios.

Dirigir

La capacidad de maniobra para lograr los objetivos usando el activo más importante de una empresa, los asociados. El tamaño del grupo de asociados trabajando en una empresa lo determina la gerencia en el proceso de planificar. Los cambios a esa plantilla los fijan el desarrollo del negocio y los cambios en el mercado laboral de la industria en la que se realizan.

Dirigir también implica reclutar, adiestrar, evaluar, motivar, incentivar, corregir, amonestar, desarrollar, mover a otras tareas y despedir al personal. Tiene que ver, además, con mantener un ambiente de trabajo saludable y seguro. Mostrar con las acciones fidelidad y lealtad a los valores, a la misión y la visión de la empresa.

Igualmente importante es preparar y mantener al día las descripciones de cargo para cada puesto en el grupo de asociados. Debe incluirse en estas los detalles necesarios para realizar las labores con éxito, tales como educación, habilidades, destrezas y experiencia.

Al dirigir es importante conocer la importancia de los grupos en la organización. Hay dos tipos de grupos: los formales y los informales.

Grupos formales

Estos son organizados por la gerencia. Consisten de dos o más personas que trabajan para alcanzar los objetivos de la empresa. A esos grupos se les asigna un líder que tiene la responsabilidad de lograr con ellos los objetivos asignados. Por lo general, es un líder por nombramiento, uno de los cinco tipos que existen.

Grupos informales

Surgen de la necesidad del ser humano de interrelacionarse con los demás. Son dirigidos por el segundo tipo de líder, el carismático; estos salen del mismo grupo, por ser personas que se distinguen por sus valores. Son aceptadas como líderes sin ser asignados por nadie. Son portavoces naturales del sentir del grupo y desarrollan la solidaridad del mismo.

La importancia de los grupos informales es reconocida en estudios sobre la conducta humana como el de Western Electric (Hawthorne) por Elton Mayo. Este estudio concluye en que es necesario identificar a estos líderes informales y motivarlos para usar su carisma e influencia a fin de lograr los objetivos de la empresa.

Los grupos informales tienen normas para los miembros, de modo que rigen la manera en que deben comportarse. También tienen unidad grupal. Esta depende del tamaño del conjunto, la interrelación en las tareas que realizan, y la composición y afinidad entre ellos.

Otros tipos de líderes que también influyen en los grupos son:

- El líder por resultados, que habla de lo que hay que hacer y además lo hace.

- El líder por duplicación, persona madura y experimentada que ha logrado duplicar en otros su carácter, sus conocimientos, su cultura y su filosofía.

- El líder por convicción, que ha creado una trayectoria, unos resultados que hacen que se le siga por lo que es y lo que representa.

El uso de grupos, formal o informalmente, tiene ventajas y desventajas.

Ventajas del uso de grupos

Entre estas podemos señalar el uso de la sinergia o la suma de las voluntades de los miembros del grupo para solucionar los problemas o superar los retos. Los grupos también ofrecen la oportunidad para suplirse unos a otros sus necesidades de apoyo. Además, ayudan al líder a lograr los objetivos de la empresa.

Desventajas del uso de grupos

Entre las desventajas del trabajo en grupo están los conflictos con el líder que afectan la realización de las metas. Otro asunto negativo es que en los grupos la responsabilidad se diluye cuando las metas no se alcanzan. Además, la toma de decisiones en grupo requiere más tiempo y puede ser más costosa.

El estrés y el agotamiento

Dirigir incorrectamente puede causar estrés (exigir al cuerpo desempeñarse por encima de su capacidad normal). Trabajar bajo esas condiciones puede causar enfermedades físicas, emocionales y hasta espirituales. Es por eso necesario ejercitarse siguiendo buenas prácticas administrativas para dirigir con eficiencia y eficacia. Una persona trabajando bajo estrés puede ausentarse, reducir su rendimiento, aumentar el costo del plan médico o hasta perder la vida.

Otra consecuencia de dirigir incorrectamente por tiempo prolongado es el agotamiento. Este se refleja en el trabajo y puede ser causado por el mismo ambiente y las condiciones laborales. Sin embargo, hay otras causas: problemas familiares, relaciones sociales o situaciones personales. El agotamiento produce pérdida del entusiasmo y la motivación; además, hace que el trabajo pierda significado. Esto provoca en la persona fatiga física y emocional, frustración, miedo a los retos y sentimientos de culpa.

Tanto el estrés como el agotamiento requieren de ayuda profesional. Como administradores que somos nos corresponde estar atentos a esas señales. Si las detectamos en algún asociado, debemos actuar para ayudarlo a superar esa etapa en su vida. Además de la ayuda profesional, podemos apoyarlo asignándolo, temporaria o permanentemente, a otras tareas. Si el estrés o el agotamiento nos afecta, debemos buscar ayuda profesional y reclutar a otros para que las tareas por las que somos responsables se lleven a cabo.

Debemos adoptar cual normas de vida los ejercicios diarios para el cuerpo como caminar, trotar, hacer aeróbicos o practicar algún deporte. Los ejercicios corporales mantienen un organismo saludable y una mente ágil y alerta. Igualmente importante es mantener una dieta unida a buenos hábitos alimentarios.

Controlar

La buena administración requiere controles. Controlar es mantener el desempeño de los asociados, la organización, los equipos y los diferentes elementos de valor en la empresa dentro de los límites prescritos en el plan. Controlar requiere que se midan los resultados obtenidos contra los de años anteriores adoptados como estándares. El control debe incluir en sus parámetros, límites designados para controlar las variaciones. Dichos controles están relacionados con el tamaño de la empresa a organizarse. Igualmente relevante es la localización geográfica de la empresa en contraposición con el mercado al cual se le ofrece los servicios o productos.

El control organizacional requiere liderazgo. También demanda el establecimiento de la cultura organizacional con relación al control. Esa cultura se hace clara mediante los procedimientos, políticas escritas y publicadas.

Hay controles a corto y largo plazo. Entre los primeros podemos mencionar la preparación y mantenimiento de un presupuesto operacional de la empresa, sistemas de servicio al cliente y sistemas de flujo de efectivo. Como controles a largo plazo podemos considerar los estados financieros y los sistemas de contabilidad.

Los controles también determinan la estructura gerencial necesaria. Esta puede ser una combinación de estructuras verticales u horizontales.

Estructura organizacional vertical

Se distingue por el énfasis en la jerarquía que agrupa las tareas de mayor tamaño en partes más pequeñas y establece líneas de autoridad necesarias para realizarlas. La subdivisión de las labores pequeñas depende de la complejidad de la tarea mayor.

La estructura organizacional horizontal

Esta clase de estructura provee para que las tareas menores se puedan subdividir en tareas especializadas.

La toma de decisiones

La toma de decisiones es otro factor importante para mantener un buen control de la empresa. Es necesario establecer un buen programa, que sea duplicable para la toma de decisiones en todos los niveles de la organización. Al controlar se puede distinguir cuando ocurre un problema que pueda afectar el rendimiento para alcanzar los objetivos, o que pueda causar una desviación del plan y los objetivos de la empresa. La solución de esos problemas efectivamente se logra identificando los posibles cursos de acción para solucionarlos. Los problemas representan oportunidades para crecer.

La solución de los problemas requiere que se reconozca que existe dicho problema, estudiar lo que lo causa, analizar varias alternativas de solución y decidir la mejor opción para ello, para así ponerla en marcha y controlarla mediante el seguimiento en su implementación.

En la toma de decisiones hay tres posibles ambientes o escenarios: certeza, riesgo e incertidumbre.

Escenario de certeza

En este escenario el resultado de la decisión es conocido. Este ambiente raramente ocurre en el mundo de los negocios.

Escenario de riesgo

El escenario de riesgo en la toma de decisiones es el que presenta diferentes posibles resultados para cada alternativa. El riesgo se debe a deficiencia en la información disponible para los resultados de cada alternativa.

Escenario de incertidumbre

El escenario de incertidumbre se da cuando hay poca o ninguna información relacionada a las alternativas disponibles para la toma de decisiones. Podemos tomar decisiones en dos formas: siguiendo un programa o sin programación.

Decisiones programadas

Tomamos decisiones siguiendo un programa cuando usamos las políticas, los procedimientos o tablas computarizadas establecidas por los sistemas de la empresa.

Decisiones no programadas

Tomamos decisiones sin programación o no programadas cuando los problemas que nos llevan a tomar la decisión no están contemplados por los procedimientos establecidos.

Decisiones intuitivas

Tomamos decisiones intuitivas o por intuición (con la información que tenemos, sin usar el razonamiento, rápidamente) cuando utilizamos aseveraciones desconocidas o no probadas, sin analizarlas en detalle. Se usa este tipo de decisión para problemas complejos, para los cuales muchas de las variables son desconocidas.

Decisiones racionalizadas

Tomamos decisiones racionalizadas cuando consideramos las metas, condiciones del ambiente operativo así como también datos disponibles y verificables. Aunque no siempre es posible tomar decisiones racionalizadas, es el estilo más seguro. Esto es así porque es la forma más documentada.

Decisiones heurísticas

Empleamos el estilo heurístico cuando aplicamos las reglas de investigación como la de causa y efecto, la experimentación o la norma de lo establecido o de la costumbre.

No podemos ignorar el papel prominente de los sistemas de información en la forma de controlar las empresas. El uso de sistemas de información permite el manejo rápido y preciso de la información necesaria para un control eficaz de la empresa. El mejor uso de estos recursos se logra cuando tenemos claro cuánta información hacemos disponible y por cuánto tiempo.

Los controles dependen para su efectividad de las auditorias realizadas, tanto por la empresa como por auditores externos. Algunos sistemas de control eficaces son: Calidad Total, que se usa para el mejoramiento constante de la calidad; PERT (por sus siglas en inglés, Program Evaluation Review Technique) que se usa para revisión de los programas empleados para el control; Programas para el control del uso de materiales y la técnica de inventario «Justo a tiempo», que permite ordenar los materiales a tiempo para usarse, evitando la inversión alta en inventario.

Los controles de mercadeo también son importantes, incluyendo la alternativa de los productos, las ventas y promoción, al igual que el servicio.

Como último punto debemos hablar de la importancia de la ética en la administración. La ética estudia la obligación moral, las responsabilidades y los principios de conducta. La administración tiene relación con la ética ya que impacta la vida y proyectos de otras personas. En la administración debemos tener pendientes el bien común como el aire, el agua, la tierra y los demás recursos.

Además, se deben tener en cuenta los cinco principios de moralidad comunes:

1. Mantener las promesas. La mayoría de la gente debe mantener la mayor parte de sus promesas la mayor parte del tiempo.

2. La no-malicia. La mayoría de las personas, casi siempre, no deben infligir daños físico a otras personas.

3. La ayuda mutua. Los individuos deben ayudar a los demás en necesidad si el costo de dicha ayuda no es mucho para el que la presta.

4. El respeto a las personas. La mayoría de las personas, la mayor parte del tiempo, deben tratar a los demás con seriedad, como si tuvieran intereses comunes. Las personas no deben ser usadas o abusadas por los demás.

5. El respeto a la propiedad ajena. Los derechos de propiedad, dependiendo de los contratos y leyes para el bien común, deben ser respetados por todas las personas siempre.

En resumen, los administradores deben trabajar con y para su equipo de trabajo. Deben ser responsables de establecer prioridades, tener pensamiento crítico y analítico. Ser mediadores, diplomáticos, atentos a los cambios, conforme aparezcan. Deben ser responsables de que las metas trazadas sean alcanzadas por el grupo que administra y dirige.

Capítulo 4

SU LIDERAZGO GARANTIZA EL ÉXITO

Para garantizar el éxito en los negocios debemos revisar nuestro liderazgo. Después de estudiar a cientos de ejecutivos exitosos puedo concluir que es muy importante tener un buen producto, conocer el mercado, tener el financiamiento necesario y desarrollar una buena publicidad, pero más relevante que todo esto es el carácter del líder que dirige el negocio.

El liderazgo implica capacidad para dirigir al grupo de trabajo a alcanzar un propósito, una meta o un objetivo, con la confianza de que si encuentran obstáculos en el camino los enfrentarán con éxito. La confianza es la base del liderazgo, ella no se puede desarrollar con solo mencionarla, se consigue produciendo buenos resultados con integridad.

El carácter del líder se refleja a través de sus pensamientos, su comunicación, su conducta y sus actitudes. Él sabe que su carácter determina quién es, qué es lo que va hacer y cómo se va a desenvolver ante los cambios que enfrentará. El líder que tiene un carácter equilibrado se conoce por sus palabras y sus acciones, dado que estas están en armonía. Sus palabras respaldan su carácter, el cual comunica congruencia, libera el potencial y comunica respeto. Las decisiones de calidad que usted tome hoy para fortalecer su carácter pavimentarán el camino para desarrollar un negocio con éxito.

Lamentablemente he conocido a muchas personas que han tenido en sus manos excelentes negocios, pero lo perdieron todo por tomar decisiones equivocadas que socavaron su carácter y no le permiten crecer. Para fortalecer su carácter identifique sus áreas débiles; la repetición y la constancia de sus problemas pueden ayudarle. Asuma responsabilidad con los resultados que logre, establezca un plan para corregir sus deficiencias y seguro que creará un nuevo futuro, avalando con ello el éxito de su negocio. El líder se reconoce por su carácter porque su persona interna habla, por sus relaciones, por sus conocimientos, sus experiencias, sus éxitos y por su capacidad.

Para tener éxito en los negocios se requiere contar con la confianza de sus clientes. Esa gracia o carisma se puede definir como la capacidad de atraer a las personas ayudándolas a satisfacer sus necesidades de modo que sientan el deseo de seguirle voluntariamente. Creamos nuestro carisma construyendo la autoestima de las personas que nos rodean. Eso hacemos cuando nos concentramos en las necesidades de las personas y les ayudamos a satisfacer sus necesidades.

Para desarrollar un liderazgo eficaz tenemos que fortalecer nuestro carisma. Eso lo logramos cuando ofrecemos lo mejor de nosotros a las personas que nos rodean, compartiendo nuestras experiencias, conocimientos, recursos y sabiduría. El líder tiene que ofrecer esperanza a quienes lo siguen. Podemos estar sin comer hasta cuarenta días, sin tomar agua cuatro, sin recibir aire cuatro minutos, pero sin esperanza no podemos estar más de cuatro segundos. El líder es un generador de esperanza y su vocación es levantar el espíritu de las personas que le rodean consiguiendo que sus pensamientos y sentimientos se conviertan en acción.

Para desarrollar su carisma debe dar lo mejor de usted y esperar lo mejor de la gente. Busque lo mejor de las personas, estimúlelas y ayúdelas a alcanzar su potencial. Hágalo con alegría, optimismo y con la confianza de que Dios le encomendó la tarea de enriquecerles la vida. Será el mejor regalo que le dejará a las futuras generaciones. Tenga cuidado con los impedimentos que pueden debilitar su carisma, como el orgullo o pensar que es superior a los demás. Aquellos que se creen superiores rompen la comunicación con sus seguidores y pierden la confianza de la gente.

Para fortalecer su carisma enfóquese en las necesidades de las personas, en sus cualidades; concéntrese en los intereses de ellas, añada valor a sus vidas y ayúdelos a crecer, esta es una inversión que rinde grandes dividendos.

La comunicación con su gente juega un papel importante. Comunicarse significa compartir conocimientos, trasmitir un sentido de urgencia con entusiasmo que motiva a las personas a actuar. Para comunicarse con efectividad sea claro en su mensaje, mire siempre a la persona que le está hablando, crea en lo que comunica y viva el mensaje que trata de trasmitir. El objetivo de la comunicación es conseguir acción, para eso usted debe de gozar de credibilidad. Un líder que comunica eficazmente tiene la habilidad de inspirar, motivar, guiar, dirigir y escuchar las necesidades de las personas.

Escuchar eficazmente no consiste solo en oír palabras, es captar los sentimientos, intenciones y tendencias del interlocutor. Recuerde que el cincuenta y cinco por ciento de la comunicación entre las personas lo expresa su vocabulario corporal. La gente habla con sus mejillas, su mirada, el movimiento de sus ojos y de su boca. El treinta y ocho por ciento de la comunicación está dado por el tono de la voz y el siete por ciento son las palabras que utiliza.

Muchas veces a las personas les invade un sentimiento de inseguridad, no se aceptan como son y debilitan su autoestima. Esta es un estado mental. Es la manera en que uno se siente, lo que uno piensa de sí mismo y de los demás, esto se puede medir y evaluar por la manera en que nos comportamos. La autoestima tiene relación directa con nuestras creencias y nuestro sentido de valorización, esto último lo aprendemos desde muy pequeños a través de las experiencias que vivimos.

Cuando usted cree que puede, tiene razón; cuando cree que no puede y asume una actitud pesimista, también tiene razón. Pero el resultado final va a relacionarse directamente con su autoestima. Eso quiere decir que el éxito en su negocio tiene relación directa con su confianza, su valorización y el respeto que usted sienta hacia sí y las personas que le rodean. Esto produce armonía y paz, en usted y en su gente.

Uno de los requisitos para contar con una buena autoestima es tener la capacidad de asumir responsabilidad por los pensamientos, deseos, sentimientos, actitudes y hábitos. Con ello se actúa en una forma correcta y se producen resultados enriquecedores. Su autoestima es un retrato suyo. Si usted trasmite confianza, respeto a la gente y siente satisfacción con ella, tiene suficiente carácter para responder y actuar en una manera responsable y está destinado a ser una persona con éxito.

Hay siete pasos para ayudar a la persona a madurar y a desarrollar una buena autoestima.

Primero. Desarrollar un sentido de confianza y de seguridad en nuestro potencial, en nuestras capacidades, en nuestros talentos y convencernos de que somos especiales, que no hay una fotocopia suya en el mundo. Entre los seis mil millones de personas que habitan el planeta tierra no existe un solo doble, usted es un original. Es importante que revise cómo está su confianza. ¿Qué cosas buenas sabe hacer?, ¿Qué hace para ayudar a los demás a mejorar su calidad de vida?

Segundo. Hay que saber tomar decisiones. Y sabemos to-marlas porque tenemos confianza y seguridad de que podemos hacerlo. Pero para ello debemos tener certeza en lo que desea-mos alcanzar o en lo que nos queremos convertir. Debemos identificar el estilo de vida que deseamos desarrollar. Los valores que enriquecen nuestra vida y que nos ayudan a alcanzar las me-tas y los sueños que nos planteamos. Para tomar buenas decisio-nes debemos saber qué querem os de os de la vida, quiénes somos y cuáles los atributos que nos permiten realizarnos.

Tercero. Iniciativa. Esta la desarrollamos cuando sabemos lo que deseamos alcanzar y utilizamos nuestra imaginación para visualizar lo que queremos. Es importante que se pregunte cada día: ¿Qué sucederá hoy que me ayude a alcanzar lo que quiero? ¿Con qué estoy comprometido para garantizar que utilizaré toda mi imaginación para alcanzar lo que deseo? Nuestra imagi-nación es una de las herramientas más poderosas para identificar soluciones a los obstáculos que se interponen en la consecución de nuestras metas. Esa imaginación nos permite crear las alter-nativas para desarrollar la calidad de vida que aspiramos.

Si se lo propone y empieza a visualizar lo que quiere ser, el estilo de vida que quiere desarrollar, cuál es la contribución que quiere hacer para las futuras generaciones, automáticamente romperá los obstáculos que le impiden utilizar su imaginación en una forma eficaz y desarrollar una autoestima sana.

Cuarto. Desarrollar una buena autoestima es contar con un sentido de realización. Recuerdo que cuando lograba una meta en mi niñez, me llenaba de entusiasmo, energía, confianza y se-guridad. No hay nada que motive más a una persona a sentirse realizada que alcanzar sus metas, porque ello confirma que es posible, que se puede. Una de las dinámicas que recomiendo es autoevaluarse y revisar los éxitos: Los que alcanzamos en el trabajo, las satisfacciones que producen revivirlos, etc. Es importante considerar nuestro desarrollo educativo, si necesitamos seguir estudiando y desarrollar alguna área de nuestra vida. Este inventario es vital porque nos lleva a identificar las cosas buenas que tenemos y a analizar nuestras actitudes, carácter y hábitos.

Pregúntese hoy: ¿Soy una persona optimista? ¿Me oriento a las metas? ¿Proyecto una autoimagen positiva? ¿Tengo una vida equilibrada? ¿Estoy feliz por ser quien soy? Estas preguntas nos llevan a identificar dónde estamos y hacia dónde vamos.

Quinto. Capacidad para desarrollar intimidad. Debemos tener habilidad para compartir nuestros sentimientos y desarrollar relaciones profundas. En mis seminarios siempre recomiendo identificar un mínimo de cien personas que enriquezcan nuestras vidas. Esto lo vengo haciendo por varios años; y en cada ciudad que visito he identificado a un grupo de personas que tienen ciertos valores, creencias y una visión similar a las mías, lo cual nos permite enriquecernos mutuamente. Es importante profundizar nuestras relaciones y tener la capacidad de trasmitir nuestros sentimientos porque esto nos da confianza y fortalece nuestra autoestima.

Sexto. Un espíritu de generosidad. Ser capaz de compartir lo nuestro sin esperar nada a cambio. Creo sinceramente que el espíritu de escasez lo genera una autoestima pobre. Pero cuando usted da y comparte lo que tiene desinteresadamente, simplemente siembra. Es posible que no le retribuyan el apoyo o aporte que brindó en un momento dado, pero esa siembra le producirá resultados, tarde o temprano.

Séptimo. Integridad, honestidad. Esto es respetarse a sí mismo, saber decir «No» cuando nuestros valores son amenazados con hábitos, actitudes y comportamientos que pueden afectar nuestro carácter. Ataques vienen y ataques van, pero lo importante es que la integridad sea la herramienta más fuerte para sanar su autoimagen y mantenerla vigorosa, llena de confianza y seguridad.

Lógico es plantearnos: ¿Cómo fortalecer la autoestima de su cliente? Para explicarlo en una forma sencilla estableceremos seis pasos para lograrlo:

Primero. Llame a sus clientes por sus nombres, míreles a los ojos, salúdeles con energía, sonría y hable con tranquilidad mientras transmite paz.

Segundo. Identifique los puntos positivos del cliente, puede ser el color de su ropa, su sonrisa, algo que esté haciendo bien, halague a la persona. Algunas de mis frases preferidas son: ¡El servicio estuvo poderoso! ¡Estás haciendo tremendo trabajo! ¡Te felicito por tu calidad de servicio! Diga estas frases de corazón.

Tercero. Identifique cómo se siente su cliente. A las personas les agrada hablar sobre sí mismas. Puede preguntarles: ¿Qué te hace feliz hoy? ¿Qué cosas buenas van a suceder hoy? Cuando el cliente tiene la oportunidad de hablar sobre él, fortalece su autoestima y desarrolla confianza.

Cuarto. Lea el vocabulario corporal de su cliente. El cincuenta y cinco por ciento de la comunicación de su cliente se establece a través de su vocabulario corporal. Con solo observar su mirada, su sonrisa, su piel, podemos determinar si el cliente está motivado, entusiasmado y si existe empatía para departir con él. Usted debe ser experto leyendo el vocabulario corporal de sus clientes y para saber neutralizar los aspectos negativos que le presenten.

Quinto. Utilice un tono de voz agradable. El treinta y ocho por ciento de la comunicación de su cliente ocurre a través de su tono de voz. Usted escucha y sabe en fracciones de segundos si está motivado o deprimido. Debemos neutralizar el tono de voz negativo con una pregunta positiva, un comentario conciliador o una sonrisa.

Sexto. Identifique la necesidad de su cliente. Escuche su tono de voz, la respiración, las palabras que utiliza y pregúntele en qué forma puede ayudarle. Ofrezca siempre aliento, esperanza y apoyo.

El líder es una persona comprometida con sus clientes, con su familia, con Dios, con su país, con su visión, sus sueños y sus metas. El compromiso se puede definir como la capacidad de dar lo mejor de usted para alcanzar los resultados deseados, el deseo de cumplir con un propósito, es un pacto, es la fuerza que nos impulsa a continuar a pesar de las adversidades. El compromiso nos inspira, nos entusiasma con las metas que nos establecimos, nos motiva a tomar las decisiones correctas y se confirma con la acción que se tome. Además, es enemigo de la resistencia, de la posposición y de las excusas. El éxito del líder tiene relación directa con la calidad de su compromiso.

El líder exitoso tiene un espíritu de generosidad, le gusta compartir lo que tiene, no permite que las posesiones lo controlen, considera el dinero como un recurso que hay que ponerlo a trabajar para compartirlo, porque sabe que lo que no se comparte se pierde. El líder tiene iniciativa, sabe lo que hay que hacer, sabe actuar, se arriesga y se equivoca más. Hay que perderle el miedo a los riesgos. El éxito se consigue aumentando el número de nuevas oportunidades, sabiendo que los que alcanzan grandes cosas son los que se atreven a fracasar. Lo importante no es las veces que se caiga, sino las que se levante.

Recuerde que la actitud determina la acción y su gente es un reflejo de su actitud. Esta se puede comparar con la cámara fotográfica, ya que tiene un foco. Su foco mental le permite ver el mundo exterior. Usted puede ver las situaciones que le afectan y las que le convienen. Interpreta lo que le sucede tanto en su ambiente como a las personas que le rodean así como también las circunstancias que tiene que enfrentar. Es como fotografiar un escenario, así puede visualizar con anticipación la manera en que espera que sucedan las cosas.

Hay veces que las circunstancias no planificadas lo llevan a uno a enfrentarse al dolor, al malestar, a la inseguridad, al fracaso; eso lacera nuestras actitudes y nos debilita. Si nuestra autoestima es débil, automáticamente caemos en un estado de depresión y nos vemos muy pequeños ante las adversidades.

Es importante reconocer que nuestra actitud es cambiante y que requiere un mantenimiento preventivo para no caer en situaciones negativas. Esto es similar a los músculos de sus brazos o de sus piernas que requieren ejercitarse para mantenerse fuertes. El músculo de la actitud se alimenta de las trescientas mil horas de vida que usted tiene impresas en su subconsciente, de las experiencias que vive a diario y de la visión que tiene de sí mismo. Quiere decir que cuando estos pensamientos son predominantemente negativos, el bombardeo de inseguridad, duda y falta de fe sabotean la posibilidad de que pueda alcanzar el éxito.

¿Cómo es su actitud? Puede que responda: «A veces es positiva» o «Depende con quien esté» o quizás «Es que estoy rodeado de mucha gente negativa». Yo le diría que las personas con éxito tienen la habilidad de recuperar el control de sus actitudes porque están conscientes de que si no saben lidiar con sus actitudes van a ser arrastrados por los pensamientos y actitudes negativas de los demás.

Mi trabajo como conferenciante me convierte en un entrenador de actitudes, mi responsabilidad es enseñarle a la gente a tratar con sus actitudes, en otras palabras, a administrarlas, a re-conocer cómo se producen, se manifiestan, nos apoyan o nos destruyen. Saber que tenemos capacidad para administrar nuestros pensamientos, quitarles fuerza a los pensamientos negativos, romper los pensamientos que nos incomodan, nos convierte en personas especiales. ¿Por qué? Porque está comprobado científicamente que el noventa por ciento de las personas no son entrenadas para administrar sus actitudes y son víctimas de un sinnúmero de situaciones que no pueden controlar.

La pregunta clave es: ¿En qué me beneficia una actitud positiva?

1. La actitud positiva genera entusiasmo contagioso, ya que sonreímos, hablamos con confianza y conseguimos los resultados que aspiramos.

2. Desarrolla creatividad productiva dado que nos permite pensar y convertir las ideas en acción.

3. Nos permite invertir nuestro tiempo en las cosas vitales que necesitamos realizar para producir los resultados deseados.

4. Nos alimenta el alma y el espíritu para enfocarnos en lo que nos enriquece y eliminar lo que nos debilita.

5. Crea hábitos saludables que nos dan energía para seguir luchando sin importar las adversidades que tenemos que enfrentar.

Nuestro éxito no debe basarse en que las cosas sucedan sino en la capacidad para provocar que sucedan. La fuerza de su actitud se produce cuando tenemos una visión definida hacia dónde vamos. Se alimenta con nuestros planes de trabajo y con estrategias para obtener resultados.

Es importante reconocer dos cosas:

1. No es lo que le sucede sino cómo lo interpreta. No es lo que le sucede sino cómo reacciona ante el suceso.

2. Si no es feliz en el ambiente en que se desarrolla, puede cambiarlo.

Su disponibilidad para tomar control sobre sus actitudes es vital, si queremos producir un cambio profundo en nuestra vida.

¿Cómo podemos cambiar las actitudes? Estas cambian en cada momento de nuestra vida. Es como si uno tuviera un control remoto de televisor para pasar de un canal a otro, en fracciones de segundo usted cambia del dos al cuatro y de este al seis sin ningún esfuerzo. Lo mismo sucede con nuestras actitudes. Quiero recomendarle que esté alerta a todas las circunstancias que va a enfrentar hoy y cómo ellas van a impactar su estado emocional y sus actitudes.

Una de las estrategias que empleo es plantearme preguntas como: ¿Qué hay de bueno en esta situación? Puede ser una situación adversa, pero cuando uno le pregunta a su sistema nervioso eso no debe enfocarse en la adversidad, sino en la oportunidad y en la posibilidad de sacarle el jugo a la misma.

Otra pregunta que me hago es: ¿Qué puedo aprender de esta circunstancia? Si uno asume la actitud de aprender de cada situación que tiene que vivir, automáticamente desarrolla una posición positiva ante la adversidad. Otra pregunta es: ¿Quién superó esto? ¿Quién me puede ayudar? Hay que tener personas identificadas que superaron obstáculos similares a los que enfrentamos.

Tenemos que estar constantemente en un proceso de autoevaluación, revisión y acción para fortalecer nuestras actitudes. De la misma manera que uno descansa todos los días, se alimenta, se baña, se tiene que nutrir sus actitudes.

¿Cómo se nutren las actitudes?

1. Rodéese de gente que enriquezca su vida, que le apoye en sus metas, que sean sus consejeros y que tengan actitudes y hábitos que le sirvan de modelo.

2. Alimente sus actitudes escuchando audiocasetes que le sirvan para fortalecer su autoestima, visión, estado emocional y sus actitudes.

3. Nutra sus actitudes leyendo libros que tengan relación con su visión, su carrera y sus metas en los negocios, la familia y espiritualmente. Toda persona que asume una actitud positiva tiene un vocabulario positivo y su conversación confirma que es alguien que alimenta sus posiciones.

4. El que asume una actitud positiva disfruta de buen carácter y humor. Sabe que por cada minuto negativo que pasa necesita once minutos positivos para volver a la normalidad. Sabe reírse de la vida y ver las cosas desde un punto de vista positivo, eliminando la tensión a las adversidades que se presentan.

5. Las personas que nutren sus actitudes sacan tiempo para reflexionar, pensar y meditar en su persona, lo que no es perfecto en su vida y las cosas buenas que se pueden mejorar.

6. Las actitudes se nutren participando en seminarios que ayuden a desarrollar sus conocimientos de manera que tenga una vida equilibrada.

¿Qué distingue a una persona que tiene actitudes positivas?

1. Sabe reconocer el potencial que Dios le ha dado y emplear la autoridad que tiene como hijo de Dios.

2. Su vida tiene significado, una autoimagen positiva y sabe a qué quiere llegar.

3. Sabe administrar sus emociones y reconocer las que le dan fuerza y las que le debilitan.

4. Tiene un compromiso con su visión, con su familia, con su carrera y con las decisiones que toma para conseguir los resultados.

5. Es activa, se enfoca en las soluciones y no en los problemas, sabe que la perseverancia es el hábito de seguir luchando hasta llegar a conseguir los resultados.

6. Su mayor fuerza es su creatividad, su capacidad de imaginar posibilidades. Es su fe en que todo obra para bien.

7. Sabe generar energía, alimenta bien su organismo, su mente, sus emociones, su espíritu. Y toda esta energía la utiliza para convertir lo invisible en visible.

8. Es trabajador, porque sabe que los resultados de su vida dependen de la calidad de las decisiones que tome y que el precio del éxito se paga por adelantado, al contado y laborando.

9. Asume responsabilidad por su vida, por su trabajo, por su familia y acepta las adversidades como oportunidades para realizar lo que aspira.

10. Reconoce que sus creencias son la fuerza para cambiar su visión, a la vez que pavimentan el camino para realizar sus sueños.

El líder sabe resolver problemas, esa habilidad le lleva a anticiparse a ellos; además, acepta la realidad cuando no puede solucionarlos aunque no se detiene. Se enfoca en un solo problema a la vez, desarrollando estrategias para superar las adversidades y rodeándose de personas que puedan ayudarle a superar las dificultades. El líder asume la responsabilidad ante los problemas aunque no los haya causado él. Hoy muchas personas que aspiran a ser líderes no se enfocan en resolver problemas, sino en los derechos que trae la investidura, pero esquivando las responsabilidades.

El líder tiene y desarrolla una capacidad y una pasión por servir. Esta pasión cambia la actitud de las personas. Nadie puede tener éxito en su negocio a menos que ame lo que hace. La pasión es el primer paso para lograr su meta, aumenta su fuerza de voluntad y es el combustible para convertir lo invisible en visible, lo difícil en fácil y lo imposible en posible. La pasión por el negocio determina el éxito.

El primer paso para desarrollar el arte de servir es tener una actitud de servicio. Para ello, debe saber identificar las necesidades del cliente. ¿Cómo las identifica? Planteándole preguntas, por ejemplo: ¿Cómo le puedo ayudar? ¿Qué de bueno le podemos ofrecer? ¿Qué cambios debemos hacer para que este problema no vuelva a ocurrir? Cuando le planteamos las cosas así a la persona, estamos estableciendo una comunicación. Punto importante: establecer una relación.

Como segundo paso para ofrecer un buen servicio debemos desarrollar empatía con el cliente. Debemos causarle una buena impresión. Tenemos solo treinta segundos para dejar esa buena impresión en la mente de las personas. Los clientes nos observan, nos miran, ven la ropa que llevamos puesta, los colores que utilizamos y así perciben quiénes somos, con qué intención nos acercamos a ellos y si producimos confianza o desconfianza. Una vez establecida esa empatía se crea el entusiasmo por interactuar. Es importante reconocer que cada día usted impacta a sus clientes. Ellos creen en usted, su credibilidad les produce confianza, le trasmite paz y certeza; por tanto, aceptan su recomendación por encima de cualquier otra. Por eso es importante nuestro testimonio.

Usted tiene que cuidar su credibilidad para conseguir que sus clientes le sigan voluntariamente. Además, debe estar consciente de que cada vez que surja una dificultad que ponga entredicho su persona o su servicio debe contrarrestarla de inmediato. Para servir con eficiencia hay que fortalecer la confianza de su cliente. Para ello usted debe tener una buena autoestima, cosa que ya definimos como la radiografía de la persona, cómo se ve, cómo se siente. Una autoestima alta produce una alta productividad, confianza y buenas relaciones. Una autoestima baja produce, depresión, inseguridad y baja productividad.

Sus clientes aprecian que les escuche, les oriente y que empatice con sus necesidades. Por tanto, debe emplear un vocabulario transformador para cambiar los estados emocionales de sus clientes. Muchas personas quieren las cosas premasticadas y predigeridas. Lo quieren todo rápido, sin pagar el precio, el del éxito; que se paga por adelantado, al contado y trabajando. El éxito no se puede comprar ni mucho menos cargar a una tarjeta de crédito. Requiere trabajo, sacrificio, dedicación y compromiso.

Una de las cosas más difíciles en mi trabajo es laborar con personas frustradas, que no han logrado los objetivos que se han propuesto. Mi mensaje para ellos es que desarrollen paciencia, evalúen los obstáculos e identifiquen alternativas respecto a cómo se pueden superar. Por nada debemos perder la fe. No podemos permitir que nuestra voluntad sea socavada por fuerzas adversas, por comentarios negativos, por gente falsa. La desesperación es un huracán que nos hace perder el control de nuestra imaginación, la creatividad y el entusiasmo.

Cuando usted se desespera, se desilusiona, se enoja o se disgusta, delega el control de su estado emocional a la persona o situación que le afecta y pasa a ser víctima de ella. Por eso es muy importante asumir una actitud correcta. Esta es el reflejo de sus pensamientos, los cuales producen su autoestima, que a la vez fortalece la forma en que se ve y se siente. Esto está relacionado directamente con su éxito o con su fracaso.

Usted tiene todos los requisitos para ofrecer un buen servicio y alcanzar el éxito, su mayor riqueza es el potencial que Dios le dio para pensar, crear, imaginar posibilidades y alternativas para superar los obstáculos que se interponen en la consecución de sus metas.

Recuerde siempre que nadie va a hacer lo que le corresponde a usted. Desarrollar el arte de servir es un compromiso que debe tener toda personar que aspire a ser líder. Cuánto mejor servimos a nuestros clientes, mejor calidad de vida tenemos. Si le servimos mejor a la gente tendremos mejores ciudadanos y estaremos en armonía. Si queremos producir un mejor país, comunidad o familia, tenemos que comprometernos a ser servidores de excelencia.

Al líder debe apasionarle el aprender, estudiar, averiguar, profundizar en los temas que necesita para poder crecer. Su crecimiento determina quién es, esto a su vez determina a quién atrae y da forma a su liderazgo. Si no le satisface el crecimiento alcanzado durante los pasados años, evalúe las semillas que sembró, porque como dice el refrán: Lo que siembres recogerás. Las decisiones que tomó en los pasados años muestran el resultado hoy; las que tome hoy, darán como resultado su futuro.

La autodisciplina es clave para tener éxito en su negocio, hay que cumplir con sus compromisos familiares, comerciales y cívicos. Seleccione sus priotidades, a veces tengo varios compromisos a la misma hora, uno lo he planificado, otros me lo han impuesto y otros los heredo. Entonces entra en juego el papel de los valores, las prioridades, los compromisos contraídos y la conciencia que le confirman hacia dónde debe enfocarse e invertir sus recursos y su tiempo.

Capítulo 5

SU COMPROMISO CON EL CAMBIO

La calidad del compromiso que tenga al desarrollar su negocio determinará los resultados que alcanzará. Empleamos la palabra compromiso muchas veces sin pensar en lo que significa. El vocablo quiere decir un pacto, un acuerdo, algo valioso que defender o desarrollar sin importar los retos que represente. Con frecuencia las personas rompen un compromiso sin pensar en las consecuencias que les traerá esa decisión. Cuando usted dice: «Estoy comprometido con la instalación y el desarrollo de mi negocio», está confirmando su disposición a romper las creencias que puedan impedirlo, a cambiar el orden de sus prioridades, revisar y modificar la interpretación de las experiencias negativas, que pueden ser el mayor obstáculo para convertir sus sueños en realidad.

Se preguntará: ¿Por qué será que las personas, a veces tienen un compromiso poderoso y dicen: «Hoy me llevo al mundo por delante, estoy comprometido a hacer cualquier cosa para alcanzar lo que quiero, pese a las adversidades que se presenten». Unos días después los vuelve a ver y son otra persona, andan deprimidos, con voz débil y diciéndose a sí mismos: «No puedo con mi vida». ¿Será que les baja el nivel de compromiso?

No necesariamente, a mí en particular me sucede muchas veces. Todo me sale mal, los proyectos se cancelan o se posponen, las

personas no cumplen lo que me ofrecieron. O me comprometo a realizar algo, pero no tengo la energía necesaria para hacerlo, me siento
cansado y tenso, a pesar de que tengo el deseo y el compromiso de rea-
lizarlo. Otras veces tengo tantas situaciones adversas que atender que
no puedo enfocarme en mi compromiso. Quiere decir que mi nivel de
compromiso no depende necesariamente de las decisiones que tome,
sino que tengo que contar con mi realidad personal.

Por eso es importante que usted se conozca y sepa cuál es la
fuerza que le motiva. Debemos visualizar que tenemos una sola
vida y que los resultados que vamos a conseguir nos deben motivar para movernos y realizar lo que queremos. Para producir la
fuerza motivacional que propulse el cambio se requiere:

1. Identificar lo que uno desea cambiar. Para lograr esto hay
que autoevaluarse, por ejemplo, en el aspecto físico:

- ¿Cómo está su dieta?

- ¿Cómo está su programa de ejercicios?

- Su peso ¿es el ideal o tiene sobrepeso?

- ¿Cuándo fue la última vez que se hizo un examen físico?

- ¿Cómo están su colesterol y su presión?

- ¿Cómo están su dentadura y sus encías?

Con estas simples preguntas usted puede definir qué partes
de su área física necesitan atención, cambiar o mejorar. ¿Qué no
es perfecto todavía?

2. Espiritualmente cómo se encuentra.

- ¿Cómo está su relación con Dios?

- ¿Qué cosas no son perfectas aún en esta área?

- ¿Cómo puede mejorar mi crecimiento espiritual?

- ¿Qué personas le pueden ayudar a fortalecer su área espiritual?

- Su área espiritual ¿es buena, excelente o necesita mejorar?

3. Su área financiera, ¿cómo se encuentra?

- ¿Qué aspecto aún no es perfecto?

- ¿Cuánto se ha ganado en estos últimos cinco años?

- ¿Tiene establecidas sus metas financieras?

- ¿A qué edad se quiero retirar?

- ¿Tiene un programa para financiar la educación de sus hijos?

- ¿Tiene un fondo de emergencia para cubrir tres meses de gastos?

Cuando uno se hace este tipo de preguntas la mente se abre y empieza a identificar las cosas que están bien, lo que no es perfecto y además, las posibles acciones que se pueden tomar para normalizar o cambiar su situación financiera.

4. En el aspecto familiar, ¿cómo se encuentra? Es vital que evaluemos cómo está su relación con sus familiares.

- ¿Qué puede hacer para enriquecer la vida de su familia?

- ¿Cómo puede mejorar la comunicación y las relaciones?

- ¿Qué tiempo está dedicando para compartir con su familia?

- ¿Cuáles son las metas comunes en que puede compartir con otros? ¿En qué falla todavía?

5. En el área comercial.

- ¿Cómo está su equipo de trabajo?

- ¿Qué virtudes tiene el equipo de trabajo?

- ¿Qué hay que mejorar para ofrecer un mejor servicio?

Cuando empezamos a hacer esta dinámica nos damos cuenta de que la vida es muy corta, los años pasan tan rápido que si no tomamos control y nos enfocamos en las cosas que queremos realizar llegaremos a la vejez lamentándonos.

Muchas veces he escuchado a personas decir: ¡Si pudiera comenzar de nuevo! ¡Si hubiera hecho esto! Mi invitación en este día es que comience a desarrollar las fuerzas dormidas que están dentro de usted e identifique que es lo que desea cambiar en su vida, en su trabajo, con su familia y su negocio.

Una vez que identifica lo que desea, el segundo paso es definir el valor que tiene para usted. La gran mayoría de las personas no fracasan por falta de recursos o de conocimiento sino porque cambian de rumbo y de objetivos cada vez que se encuentran con un obstáculo y lo hacen por no tener definidos sus valores y objetivos. Lo contrario es ventajoso porque nos ayuda a conocer los obstáculos que se interponen en la consecución de nuestras metas y a la vez a buscar soluciones para alcanzarlas.

Le garantizo que definir lo que quiere cambiar en su vida le va a dar la fuerza para producir la fe, la confianza, la seguridad, la determinación, para conseguir los deseos y los sueños que quiere conquistar y lograr así una vida más equilibrada. Usted tiene la fuerza para cambiar y puede hacerlo cuando tenga claro el significado de su vida y de su negocio, cuando tenga metas definidas, conozca a Dios, utilice la chispa interna que lo mueve hacia la realización de sus sueños.

Podemos cambiar debido a que tenemos motivos por los cuales vivir, dirección a donde ir, la seguridad interna de que contamos con la capacidad que se requiere para lograr resultados. Y cambiamos porque tenemos el entusiasmo que revitaliza nuestra visión y sabemos hacia dónde nos dirigimos, porque tenemos el deseo que genera la fuerza interna; que mientras otras personas nos dicen que no podemos, que no perdamos el tiempo, que otros lo intentaron y no lo lograron, la conciencia nos confirma que hay que continuar, que hay que seguir hasta encontrar la fórmula para superar los obstáculos que se interponen.

Podemos cambiar porque Dios nos dio las herramientas para visualizar las cosas que nos gustaría alcanzar, porque tenemos la capacidad de definir con exactitud lo que necesitamos y lo que deseamos alcanzar. Tenemos la capacidad de generar la química para establecer los deseos que revolucionan nuestra forma de pensar, revitalizan nuestro entusiasmo, producen energía y nos motiva a identificar el proceso mediante el cual realizar nuestros sueños. Podemos cambiar porque tenemos todos los requisitos para alcanzar el éxito. Tenemos la capacidad de pensar, crear, imaginar posibilidades y alternativas para superar los impedimentos que se interponen en la consecución de nuestras metas.

Tenemos la creatividad, la energía, la fe y el compromiso para enfrentarnos a los problemas que se nos presentan, con la confianza de que mientras más grande sea el problema que tengamos que enfrentar, mayor oportunidad tendremos de utilizar el potencial que Dios nos ha dado y reconocer cuán grande son nuestras capacidades. Poseemos el potencial de controlar nuestro carácter, la sabiduría y la inteligencia para enfrentarnos a las circunstancias adversas desarrollando un espíritu de lucha que transmite confianza y seguridad de que todo tiene solución. Sabemos controlar nuestras emociones, nuestra imaginación, nuestra creatividad, nuestro entusiasmo y podemos definir nuestra visión para buscar las alternativas que nos permitan obtener soluciones. Podemos convertir nuestras ideas, nuestros pensamientos y nuestros sentimientos en acción.

Además, somos capaces de levantar el espíritu de la gente que nos rodea y motivarlos a actuar para conseguir los resultados deseados. Sabemos acariciar nuestra visión, alimentamos nuestros sueños, metas y objetivos y no descansamos hasta hacerlos realidad.

No se trata solo de reconocer que podemos cambiar, sino también de valorar la importancia de actuar, de hacer lo que haya que hacer y hacerlo ahora. Debemos desarrollar el compromiso de invertir nuestro tiempo en las cosas vitales. De asumir la responsabilidad de hacer lo que hay que hacer.

Le garantizo que nadie puede hacer lo que le corresponde a usted. Como arquitecto, diseñador y director del futuro de su vida, usted es el único responsable de producir el cambio para conseguir los resultados que desea.

Le pido por favor que haga este mensaje suyo, le exhorto a que se convierta en portavoz de esta idea y la dé a conocer a los que le rodean. Es lo que llamo conseguir un equilibrio personal para tener las baterías recargadas. Ese equilibrio requiere un mantenimiento preventivo para poder enfrentar las circunstancias que requieren mayor energía. Es vital contar con las reservas para pagar el precio del éxito, que se paga por adelantado y al contado; se paga trabajando; no se puede cargar a una tarjeta de crédito.

El compromiso es la batería que recarga la visión que uno tiene. Le permite enfocarse en el plan que desea desarrollar. Le produce un entusiasmo contagioso que impacta a las personas que le rodean y les motiva a seguir adelante sin importar el tamaño de las adversidades que tengan que enfrentar. Los beneficios de estar comprometido con sus metas son extraordinarios, sobre todo cuando quiere conseguir que su equipo de trabajo le siga voluntariamente.

Cuando visitamos una organización para ofrecerle nuestros seminarios, realizo una encuesta a través de un cuestionario y en muy poco tiempo nos damos cuenta de que el compromiso de los empleados que laboran allí es muy bajo, están poco comprometido con la visión y el propósito de su empresa. Estos son algunos de los resultados de la evaluación de las encuestas realizadas y lo que sucede cuando cambian su visión desarrollando un gran compromiso.

Poco comprometidos	Muy comprometidos
Productividad baja	Se alcanzan las metas
Malas relaciones personales	Equipo de trabajo unido
Mucha tensión	Moral alta
Cambio de empleados	Poco ausentismo
Poca lealtad	Compromiso genuino
Poco interés por la empresa	Calidad en el trabajo

Esto quiere decir que cuando las personas no están comprometidas es muy difícil conseguir buenos resultados. Si usted no está cien por ciento comprometido con su negocio, en la primera adversidad que encuentre se retirará. Posiblemente si se cuenta con un programa de adiestramiento preventivo para mantener a las personas enfocadas, la compañía no sufre una reducción en su productividad. Las personas, a través del adiestramiento que reciben, pueden identificar las fuerzas que las mueven, aprendiendo nuevas estrategias para lidiar con las adversidades, como trabajar con personas difíciles; cómo administrar sus estados emocionales, cómo fortalecer el compromiso de su equipo de trabajo.

Cuando concluimos nuestros seminarios nos encontramos frente a una fuerza laboral motivada y convencida de que su futuro nunca antes fue tan prometedor.

Muchas compañías creen que ofreciéndole un salario y unos beneficios marginales al empleado se desarrollará y producirá la dedicación que necesita. Para fortalecer su compromiso debemos evaluar las fuerzas que nos mueven, nuestras prioridades. Tómese unos minutos e identifique el orden de importancia que usted les da a las siguientes prioridades.

Asigne un valor del uno al doce en orden de prioridad.

_____	Integridad	_____	Libertad
_____	Justicia	_____	Familia
_____	Espiritualidad	_____	Salud
_____	Finanzas	_____	Honestidad
_____	Crecimiento	_____	Carrera
_____	Negocio	_____	Equipo de trabajo

Es importante reconocer lo que representa para su familia y para sus asociados, que identifique sus responsabilidades con su comunidad y su país, el valor de su trabajo, de su negocio y las actividades que le dan fuerza, que le levantan el espíritu y lo motivan a convertir sus ideas y percepciones en acción.

Cuando hacemos esto podemos definir nuestra misión en la vida, en nuestra familia y en nuestro negocio. Una de las cosas con las que debemos estar comprometidos es el modo de enfrentar los cambios. Lo único que tenemos garantizado es que ocurrirán. Precisamente, para iniciar su negocio y tener éxito debe ser flexible ante los cambios. A continuación sugiero algunos puntos a considerar como preparación para enfrentar el cambio.

a) Entender por qué hay que realizar el cambio.

b) Ver al cambio desde la perspectiva y los objetivos de su negocio.

c) Identificar los efectos de no realizar el cambio.

d) Entender el punto de vista de las personas que lo resisten.

e) Desarrollar las estrategias para ponerlo en práctica.

f) Promover el apoyo al cambio que se quiere establecer.

g) Prevenir los obstáculos que puedan impedir el cambio.

h) Descubrir las consecuencias si no se hace el cambio a tiempo.

Este tema es muy importante ya que he visto muchas personas que fracasan al montar su negocio debido al temor al cambio. Se paralizan cuando las reglas cambian de un día para otro. Le recomiendo que lea uno de mis libros que le ayudará tratar con eso. Se titula *Somos la Fuerza del Cambio,* publicado por Editorial Vida, y fue reconocido por esa casa publicadora como la obra de más venta entre sus cuatrocientos títulos. Cuando algún cliente me contrata para desarrollar un seminario que fortalezca el compromiso de su equipo de trabajo, realizo una dinámica interesante.

Lo primero que le explico es que estamos viviendo en la era de los cambios. El siglo XX fue uno de grandes transformaciones pero el XXI traerá muchas más en menos tiempo. Lo que logramos alcanzar en el siglo pasado, léase bien en los pasados cien años, se duplicará en menor tiempo.

Hay varias reglas importantes para comunicar el cambio con eficiencia.

• Hay que comunicarlos antes de implementarlos.

• Siempre hay que decir la verdad; la verdad da libertad.

• Ayudar a las personas a entender la importancia del cambio.

- Escuchar con detenimiento a quienes se resisten al cambio.

- Capacitar al equipo laboral para ser flexible ante los cambios.

A fin de prepararnos para los cambios debemos realizar un taller de trabajo interactivo en el que todo el equipo laboral participe y expongan sus puntos de vista. Reconociendo siempre que lo único que tenemos garantizado es el cambio.

Algunas de las preguntas que utilizo en el taller son las siguientes.

- ¿Qué cambio queremos o debemos realizar? _____
  _____
  _____

- ¿Por qué queremos o debemos hacerlo? _____
  _____
  _____

- ¿Qué consecuencia sufriremos si no realizamos el cambio? _____
  _____

- ¿Contamos con los recursos para implementarlo?
  _____
  _____

- ¿Cuándo se efectuará el cambio? _____
  _____
  _____

- ¿Cómo se pueden reducir las desventajas del cambio?
  _____
  _____

- ¿Qué ventajas ofrece el cambio? _____
  _____

- ¿Quiénes lo respaldan? _____
  _____
  _____

- ¿Quién lo pondrá en práctica? _____
  _____
  _____

- ¿Qué nuevas destrezas necesitaremos para implementar el cambio? _____
  _____

- ¿Cómo podemos minimizar la resistencia al cambio?
  _____
  _____

- ¿Qué nuevas políticas y procedimientos necesitaremos?
  _____
  _____

- ¿Cómo afectará el cambio a mis deberes y responsabilidades? _____
  _____

- ¿Cómo respalda el cambio a la misión del negocio?
  _____
  _____

- ¿Quién lo implementó y qué resultados logró?
  _____
  _____

- ¿Cómo se evaluará el cambio? _____
  _____
  _____

- ¿Cuándo se evaluarán sus beneficios y desventajas?

  _____

  _____

Hoy tomó la decisión de ejercer el control de sus pensamientos. Identificando las ideas que enriquecen su vida y eliminando las experiencias que le quitan fuerzas, porque usted sabe cómo desarrollar la fuerza de la motivación. Porque usted conoce los valores que nutren su existencia. Sabe lo que le motiva y está consciente de que la calidad de su vida se relaciona con la de sus valores. Sabe identificar los valores que tiene que eliminar para convertirse en la persona que aspira y desarrollar su negocio. Usted está convencido de que es el único responsable por los resultados que logre.

Las decisiones que tomó en el pasado son el resultado de hoy y las que tome hoy serán el resultado de su futuro. Usted sabe que para producir la fuerza de la motivación se requiere identificar lo que desea en todas las áreas de su vida. En la física, emocional, financiera, familiar y espiritual. Sabe identificar el valor que tienen esos sueños y metas.

Para poder contestar la pregunta: ¿Quién es usted? ¿Qué significado tiene su vida? ¿En qué persona se quiere convertir?, es necesario que sepa identificar lo que desea. Su vida tiene significado porque cuenta con metas definidas, conoce a Dios y esa relación le produce la chispa interna que le mueve hacia la realización de sus sueños. Usted tiene la fuerza para cambiar, porque sabe convertir sus ideas, sus pensamientos y sus emociones en acción.

Y dado que posee la capacidad de levantar el espíritu de las personas que le rodean logra motivarlos a actuar para conseguir los resultados deseados. Usted sabe acariciar sus sueños, sabe alimentar su visión, sus metas y objetivos y no descansa hasta hacerlo realidad. Sabe cómo tomar acción, sabe hacer lo que hay que hacer y sabe hacerlo ahora.

Usted asume la responsabilidad de pavimentar el camino para que las futuras generaciones puedan disfrutar de una mejor calidad de vida. Tiene la fe de ver lo que aún no se ve. Porque tiene definidos sus planes y estrategias para obtener los resultados deseados. Tiene la pasión para conseguir sus metas. Pasión que le produce energía, le impulsa a trabajar, a desarrollar y a pensar la manera de conseguir lo que desea. Usted no se rinde porque es perseverante y sigue luchando hasta alcanzar sus sueños. Su tiempo es una de sus mayores riquezas. Tiene más de trescientas mil horas de vida para invertirlas en el desarrollo de su futuro.

Usted sabe diferenciar entre lo que es vital e importante, lo relevante y lo urgente, y así equilibra su estilo de vida, empleando bien su tiempo. Además, sabe cómo desarrollar una buena autoestima. Con esta genera confianza, trasmite respeto y actúa en una forma responsable.

Y tiene una buena autoestima porque es una persona madura. Con un profundo sentido de seguridad en su potencial, en sus capacidades y en sus talentos. Usted sabe tomar buenas decisiones, conoce el estilo de vida que quiere desarrollar. Tiene iniciativa para producir resultados y esto le produce un sentido de realización. Su espíritu de generosidad es extraordinario y sabe que para recibir hay que dar.

Por otra parte hay que saber compartir lo nuestro sin esperar nada a cambio. Como persona íntegra y honesta que es, sabe decir no cuando sus valores son amenazados por personas que tratan de modificar sus creencias y su carácter. Dado que está comprometido en dar lo mejor de sí, usted le saca el jugo a la vida. No hay duda de que sabe valorizarse, de que valoriza sus habilidades y sus talentos para convertirse en la persona que aspira. Y se comporta como alguien próspero, equilibrado espiritual, emocional y físicamente.

Como sabe que va en camino a enfrentarse a grandes cambios en este nuevo siglo, genera una actitud positiva hacia ellos.

Esa actitud le lleva a desarrollar una creatividad productiva que nutre su ser, alimenta su alma y su espíritu y le permite enfocarse en las cosas que le enriquecen a la vez que elimina lo que le debilita.

Usted se rodea de gente que aporta a su vida, que le sirve de modelo para desarrollar sus metas. Le admiran porque tiene un buen carácter y un excelente humor. Además, sabe nutrir sus actitudes estudiando materiales que le hacen crecer, que fortalecen sus conocimientos y elevan su autoestima. Como alguien inteligente que es conoce la importancia que tiene invertir bien su tiempo en la buena lectura. Así alimenta sus actitudes, tomando tiempo para reflexionar, meditar sobre sí mismo y analizar constantemente lo que no está bien en su vida para así mejorar. Usted es su mejor motivador puesto que tiene metas específicas. Se siente amado, conoce a Dios y sabe que tiene una chispa interna que lo mueve a alcanzar sus deseos y lo convierte en el mejor motivador del mundo.

Sepa que motivarse significa estar conscientes de que tenemos motivo por los cuales vivir, dirección a dónde ir y seguridad interna en nuestras capacidades así como también una fe absoluta en que Dios tiene interés en nuestra vida. Usted posee esa fuerza interna que lo impulsa a buscar alternativas y soluciones a los obstáculos que se le interponen.

Cuenta además con un entusiasmo contagioso que revitaliza su visión y le confirma el rumbo a tomar. Mientras otros afirman que usted no puede, le recomiendan que no pierda el tiempo porque muchos fracasaron en lo mismo, la conciencia le confirma que hay que continuar luchando hasta conseguir la fórmula ideal para superar los grandes obstáculos. Usted posee la fe para alcanzar sus metas, esa fe es la gasolina que genera la energía para moverse a conquistar lo que le pertenece. Nunca, pero nunca, luche sin determinación, sin perseverancia y sin convicción ya que sería como tratar de vivir sin oxígeno.

Los resultados que obtenga hoy le servirán de inspiración a usted y a quienes le rodean. La gente se queja de los resultados pobres que alcanzan y no saben que son los responsables por no planificar con anterioridad. Viven improvisando, imitando a gente común y corriente que produce resultados comunes y corrientes.

Quiero garantizarle algo, que nadie puede hacer nada por usted. Que como director de su vida, usted es el responsable de todos los resultados que consiga. Recuerde que nació para triunfar, que está destinado a tener éxito.

Su reto es pavimentar el camino para que otros se puedan desarrollar y garantizar que en el futuro tendremos líderes para dirigir las generaciones siguientes. Genere entusiasmo en la gente que le rodea y confiarán que su determinación y su firmeza es la mejor garantía para ayudarles a conseguir el éxito que aspiran. Decídase a reorganizar su vida para un nuevo comienzo. Estoy convencido de que usted tomará la decisión de convertirse en portavoz de este mensaje y así unirse a miles de personas que son ejemplo vivo de que realmente podemos tener éxito.

El reto que hoy encara consiste en enfrentarse a una contaminación masiva de ansiedades, depresiones, inseguridad, falta de fe en lo que le rodea; en la que la gente está convencida de que no hay esperanza para producir un cambio. Tenga cuidado y esté alerta, porque esa contaminación es un veneno silencioso que se va acomodando en su alma, en sus pensamientos, en su espíritu.

Puede contaminarlo y convencerlo de que ellos tienen razón. He adiestrado mi sistema nervioso para identificar con rapidez a los que están contaminados y que consciente o inconscientemente vienen con la actitud de quitarme fuerza y tratar de venderme que las cosas están mal.

A ellos les comunico que mi éxito no depende de la situación que me presentan. Tenemos que recordar que la gente con éxito no invierte más de diez por ciento de su tiempo en los problemas y el otro noventa por ciento lo emplean en las soluciones. Sabemos que por cada minuto negativo que pasamos necesitamos once positivos para volver a la normalidad, y si llevamos ocho o diez años negativos necesitamos un milagro de Dios. Muchas personas me dicen: ¡Es que las cosas están muy malas!

Sabe una cosa, nunca antes estuvieron mejor. Puede ser que la persona pase por un momento difícil, por un divorcio, por una enfermedad, por una pérdida de un ser querido, por adversidades financieras, pero todo eso es pasajero. Tenemos que darnos cuenta de que estamos rodeados de bendiciones. Todos los días le doy gracias a Dios por las bendiciones que recibo. Hemos avanzados más durante estos cien años, que en los pasados seis mil años que tiene la tierra de historia. Lo bonito es que vamos a crecer y avanzar más en los próximos quince años que en los pasados cien. Estamos frente a una revolución científica, económica, financiera, política y tecnológica. Los países del mundo se integran y comparten conocimientos, experiencias y oportunidades que nos van a permitir desarrollar nuestros negocios a nivel mundial. Estamos rodeados de grandes oportunidades. Tenemos que organizarnos, adiestrarnos, que aprender a utilizar la tecnología, afiliarnos a compañías que nos apoyen y nos provean las herramientas para desarrollarnos y utilizar nuestro potencial y habilidades.

Si después de leer todo esto, no está convencido de que existen grandes oportunidades, lo lamento mucho, pero no se sienta mal, no todos aprendemos a la misma velocidad, no todos tenemos la capacidad de visualizar lo que queremos.

A veces a una persona le toma cinco minutos percibir esta visión, a otros les puede tomar cinco años, aun a otros les puede tomar cincuenta años y hay otros que pasan por esta vida y no van a tener la oportunidad de recibir esta información. Usted tiene que sentirse privilegiado porque ha recibido una herramienta que va a fortalecer su vida, su visión y le va a dar la fuerza para seguir adelante. Espero poder saludarle personalmente en algún momento y que me pueda contar sobre sus grandes victorias, sus avances, su desarrollo y su éxito. Si no nos vemos puede escribirme al apartado que aparece en el libro o comunicarse a través de nuestras páginas en Internet. Lo importante es que usted sepa que me interesa su futuro y me alegraría mucho saber que esta obra le sirvió para desarrollar su negocio. Le garantizo que puede hacerlo.

Capítulo 6

CÓMO RESOLVER PROBLEMAS

Una de las características de las personas que ofrecen un buen servicio es que tienen la habilidad para resolver los problemas que traen los clientes. Estos son oportunidades para demostrar nuestra capacidad de satisfacer sus necesidades y conseguir que regrese consciente de que podemos ayudarle a resolver su situación. Como primer paso para la resolución de problemas, debemos conocer las características del mismo.

1. Desconocimiento de la situación. Muchas veces las personas no resuelven su problema porque desconocen que lo tienen, no poseen la información o no quieren reconocerlo. Es muy difícil ayudar a alguien que cree que no tiene conflictos. Cuando asoma uno de estos a nuestra organización y no lo reconocemos se nos hace muy difícil resolverlo. Muchas compañías se han ido a la quiebra porque no ofrecieron un buen servicio a sus clientes ni reconocieron el problema a tiempo para resolverlo.

2. Comunicación pobre. Casi siempre, cuando hay un problema que involucra a varias personas y no existe buena comunicación, esta se convierte en el primer obstáculo para resolverlo.

Muchos conflictos obrero patronales no se resuelven porque se rompe la comunicación. Una de las cosas que más afecta a la pobre comunicación es la falta de confianza en la otra parte. En muchas de las empresas a las que he servido observo que su personal no confía en la gerencia, no tiene una buena comunicación ni hay credibilidad en ninguna de las partes en el momento de resolver los problemas. Las empresas que más éxito tienen ofreciendo buen servicio son las que adoptan como política que sus primeros clientes sean sus empleados.

Significa esto que esas empresas reconocen que tienen clientes internos (que son sus empleados) y externos (público en general) que solicitan sus servicios. Puedo concluir que ninguna compañía puede aspirar a ofrecer un buen servicio sin antes garantizar que sus asociados se consagran a dar el mejor servicio posible; y para hacer eso deben tener una buena relación mutua.

3. Información deficiente. Otra fuente de conflictos es la información incompleta o incorrecta que recibe su cliente a través de sus asociados. Eso produce confusión, tensión y malestar. Las empresas deben adiestrar a su personal continuamente y ofrecerle toda la información exacta para que puedan dar el mejor servicio posible. Gracias a la tecnología y a las computadoras se puede superar este escollo tan relevante a la hora de tomar decisiones eficaces.

4. Choque de ideas. Las personas vienen a recibir un servicio o a comprar un producto con la expectativa de que su problema será resuelto en una forma rápida y económica. Después de recibir la información se encuentran con que no le resuelven nada o que el costo de resolverlo es mucho más alto del que presupuestó. Otro caso podría ser cuando la persona espera que le resuelvan su situación en un tiempo determinado y le toma el doble.

Muchos de estos casos hacen que los clientes se molesten, se sientan confundidos, inclusive busquen otras opciones para resolver su situación.

5. Persistencia del problema. Esto ocurre cuando la situación que afecta al cliente no desaparece. Usted lleva su auto al mecánico y tiene que volver en varias ocasiones porque no le resuelven el problema. Es una situación desagradable que lleva al cliente a molestarse y a crear una opinión desfavorable de su suplidor. Hay que recordar que cuando un cliente se molesta necesita un promedio de seis acontecimientos positivos para neutralizar el mal rato que pasó. Para resolver esta situación se debe diagnosticar su causa. Debemos revisar el historial del cliente, preguntar y solicitar ideas respecto a la manera en que se puede resolver el asunto.

En nuestro seminario «El Arte de Servir al Cliente con Efectividad» establecemos una dinámica que llamamos «Administración de problemas». Para ello debemos tener algunas preguntas clave, de modo que identifiquemos el asunto a tratar. Por ejemplo:

1. ¿Qué es lo que está pasando?

2. ¿Cómo le afecta esta situación?

3. ¿Cuándo quiere que se resuelva el problema?

4. ¿Dónde necesita ayuda primero?

5. ¿Qué debemos cambiar para resolver el problema?

Es muy importante, para identificar un problema, saber qué lo causó, cuáles son sus aspectos positivos y negativos y qué estamos dispuestos a hacer para resolverlo. Este proceso es muy sencillo.

1. Identificar las posibles soluciones para resolver la raíz del problema.

2. Tomar la decisión escogiendo la mejor solución en una forma firme.

3. Implementar un plan de trabajo en el que se organicen las tareas, la gente, el tiempo y todos los recursos disponibles. Desarrollar un plan de acción, paso a paso, que sea sencillo de implementar y darle seguimiento para evaluar el proceso y saber si se está superando el problema.

Cuando trabajamos con un grupo de personas y todas tienen que ver con la solución del problema, debemos realizar una serie de sesiones en las que se abran los canales de comunicación para identificar en qué manera afecta a la compañía. Una vez que se conozca la raíz del asunto hay que proceder a crear un ambiente de compromiso para superar la situación. En esta dinámica recomendamos hacer algunas preguntas. Luego le pedimos al personal que responda las siguientes preguntas.

1. ¿Por dónde empezaría a resolver el problema?

2. ¿Qué estrategia utilizaría para resolverlo?

3. ¿Qué departamento necesita que le apoye?

4. ¿Qué sistema de evaluación implementaría para evaluar la solución del caso?

5. ¿Cuáles son las consecuencias de no resolver el problema?

Hay que crear conciencia en el grupo de trabajo en cuanto a que para mejorar la calidad de servicio necesitamos un compromiso de todos, de modo que se deben unir fuerzas para enfocarse en la solución. Mientras otros hablen de problemas, proponga soluciones. Mientras otros detallen adversidades, hable de oportunidades. Mientras otros digan que la situación es difícil, proclame que «Para el que cree, todo es posible». La receta que sugerimos para mantenernos en una posición proactiva requiere flexibilidad, escuchar más, ampliar los conocimientos, darle seguimiento a los objetivos establecidos y reconocer que todos nos beneficiaremos si superamos los obstáculos que se interponen en la consecución de nuestras metas.

Todo el mundo trabaja para los clientes. Las empresas que tienen esta política generan un entusiasmo contagioso, porque saben que sus clientes son los que pagan sus salarios. La vida de su empresa depende de aquellos. Cada día la competencia se duplica, los clientes son más educados y más exigentes. La mejor publicidad que puede tener una empresa es un cliente satisfecho que vuelve y recomienda su organización con sus amigos y familiares. Para conseguir esto se requiere un compromiso absoluto de la gerencia y su personal. Debemos conocer las necesidades específicas de sus clientes. Establecer un nivel de comunicación con ellos que defina lo que esperan de usted y en qué forma superar sus expectativas. En encuestas realizadas, las empresas que más éxito logran dando servicio muestran que sus empleados tienen varias características comunes.

1. Tienen una actitud positiva. Se enfocan en enriquecer la vida del cliente. Saben que por cada minuto negativo que pasa, necesitan once minutos positivos para recuperarse. Reconocen que cuando delegan su estado emocional en personas comunes y corrientes, producen actitudes comunes y corrientes.

2. Saben escuchar. No solo escuchan las palabras que dice el cliente, también escrutan el tono de voz que emplea puesto que está comprobado que el treinta y ocho por ciento de la comunicación de la persona radica en ello. Cuando reciben un cliente cansado, cargado y tenso, le hacen una pregunta para cambiar su estado emocional. Algo como: ¿Qué de bueno le ocurrió hoy?

3. Son íntegros. Están comprometidos con la verdad. Saben que ella los hará libres. Cuando no le pueden resolver el problema a su cliente, lo refieren a alguien capacitado para que lo haga. Una persona íntegra no se divide, tiene claro lo que es verdad y lo que no es cierto.

4. Son responsables. Están consagrados a responder con sus conocimientos, habilidades, talentos y energía, para ofrecer el mejor servicio; además, asumen la responsabilidad de ofrecer el mejor servicio para satisfacer las necesidades del cliente y superar sus expectativas.

5. Son creativos. No son cerrados, sino que intentan distintas formas para resolver una situación, hacer una labor y conseguir el resultado deseado. Se ajustan a los cambios e identifican los recursos para resolver el problema en la forma más económica, rápida y eficiente.

6. Son flexibles. No enfrentan los cambios con rigidez sino que de adaptan con rapidez. Reconocen que su prioridad es satisfacer la necesidad de su cliente y que muchas veces tendrán que romper las reglas para evitar que se vaya disgustado y no regrese.

7. Convincentes. Son personas que tienen credibilidad porque demuestran que conocen el servicio que ofrecen y se ganan el respeto de sus clientes. Trasmiten confianza, seguridad y dominio del trabajo que realizan.

8. Entusiastas. Levantan el espíritu de sus clientes, les recargan las baterías y consiguen que cambien sus actitudes, porque trasmiten un entusiasmo contagioso que confirma su deseo, interés y compromiso por ofrecer un buen servicio.

9. Persuasivos. Son personas que convencen. Saben qué tono de voz usar. Ofrecen beneficios y resultados. Muchas veces los clientes pueden conseguir el mismo producto en otro lugar a un costo menor, pero la calidad del servicio que reciben de estas personas los hacen ser leales a la empresa.

10. Les gusta la gente. Otra de las características que tienen las personas que ofrecen un buen servicio es que les gusta servir, ver a la gente contenta y resolverles sus situaciones. Cuando un cliente va a un lugar y se siente apreciado, bien atendido, desarrolla una relación profunda con ese empleado porque se siente cómodo y confiado de que está en buenas manos.

Otra herramienta para resolver problemas efectivamente es saber utilizar el teléfono. ¿Cómo emplearlo para resolver problemas? El teléfono es un poderoso recurso que le puede ayudar a ofrecer un buen servicio y a resolver muchos de los problemas que sus clientes le presentan a diario ya que le permite comunicarse con muchas personas sin tener que moverse de su asiento. Debemos reconocer que el cliente, cuando nos escucha, lo primero que hace es evaluar nuestro tono de voz, el grado de tensión que esta tiene y nuestra disponibilidad para escucharlo y satisfacer su necesidad. Para alcanzar el éxito resolviendo problemas y ofreciendo un buen servicio a través del teléfono hay que aceptar la responsabilidad que implica hacerlo en forma cortés y eficiente. Muchas veces estamos tan ocupados y enfocados en nuestra rutina que no podemos pensar en la manera en que el cliente percibe nuestra actitud de servicio y disponibilidad a ofrecer un servicio eficiente. Mencionamos la importancia de que el cliente desarrolle lealtad hacia su empresa y para lograrlo debemos establecer una relación tal que aun cuando no lo veamos físicamente, nos recuerde por el trato que le damos, el servicio que le brindamos y la actitud positiva que mostramos con la intención de servirle bien. El teléfono juega ese importante papel al desarrollar el trabajo. ¿Cómo realizar su trabajo sin este instrumento?

Hay compañías que ofrecen casi el setenta por ciento de sus servicios a través del teléfono. Está comprobado que los clientes que reciben un buen servicio a través de la línea telefónica son promotores silenciosos de la empresa. Para aprender a emplear este instrumento hay que practicar, pero claro no con los clientes. Prepárese mental y emocionalmente, escoja un área de trabajo donde no le interrumpan y la que pueda desarrollar la conversación con privacidad y tranquilidad.

Hay varias normas elementales para ofrecer un buen servicio a través del teléfono. Tenga toda la información sobre acerca de su trabajo a la mano. No coma ni beba mientras habla con el cliente. Enfóquese en la conversación. La modulación de su voz es importante, todos la tenemos diferente. Hay voces relajadas, otras muestra gran tensión, unas son suaves y otras chillonas. Para lidiar con su voz debe controlar la energía, esta refleja su actitud y entusiasmo.

El ritmo de la conversación es relevante, hablar muy rápido puede crear problemas de comunicación. Un ritmo normal es de ciento veinticinco palabras por minutos. Para entrenar su voz le recomiendo que caliente sus cuerdas vocales entonando una canción. Sonría al hablar, su voz será más agradable. Ensaye practicando su conversación y grabándola en un contestador automático, luego escuche la grabación y evalúe su presentación. La voz refleja su personalidad, si necesita mejorarla hágalo. Tome un curso de oratoria y practique las técnicas continuamente; eso le ayudará.

Evalúe su voz

Rasgos positivos	Rasgos que debe mejorar
Articulación clara	Voz débil
Ritmo normal	Voz chillona
Puede variar el volumen	Hace demasiadas pausas
Enfatiza los acentos	Sonido nasal
Sonríe mientras habla	Mucha seriedad
Suena agradable	Monótona
Tiene buena pronunciación	Tono de voz fuerte

Un punto importante para emplear el teléfono eficazmente es saber dirigirse a la persona que nos llama. Puede utilizar el nombre o el apellido de ella, por ejemplo: Señor Rodríguez o su título profesional. Muchas veces después de establecer una relación personal con el cliente, este prefiere que le llame por su primer nombre. Además, cuando ya sabe con quien habla, comienza a evaluar el servicio que ofrece su empresa desde que empieza a timbrar el teléfono. Es recomendable que la llamada sea contestada en o antes del tercer timbrazo. Para responder una llamada con eficiencia debe seguir cuatro pasos:

1. Salude: Buenos días

2. Identifique su negocio: Empresas Valdés

3. Preséntese: Le habla el señor o la señora _____

4. Ofrezca ayuda: ¿En qué le podemos ayudar? ¿En qué le puedo servir?

Su llamada será evaluada por el entusiasmo que muestre al hablar con el cliente. Este, a su vez, debe sentir su voz en una forma genuina, que usted está comprometido a ofrecer el mejor servicio. Haga que perciba su sonrisa. Muchas empresas utilizan un letrero al lado del teléfono que dice: «Sonría, su cliente se lo agradecerá».Una vez establecida la comunicación, su tarea será escuchar al cliente. Podrá oír sus declaraciones, las preguntas que hará o las objeciones que tenga a sus servicios o productos. Ignorar tales datos es interrumpir la comunicación. El trabajo suyo es escuchar con atención.

Veamos algunas sugerencias para escuchar con atención.

1. Preste atención a lo que dice la persona que le llama.

2. Siempre ofrezca una respuesta positiva.

3. Presente su respuesta en una forma clara y eficaz.

4. Nunca brinde más información de la necesaria.

Su capacidad para negociar y resolver problemas implica: Reconocer la necesidad de su cliente e identificar la capacidad de su empresa para suplirla. Muchas veces se requiere paciencia y flexibilidad para negociar con su cliente cuando no puede satisfacer su solicitud. Para ello haga preguntas a fin de determinar sus necesidades específicas. Identifique un plan de acción para satisfacer esa necesidad, manteniendo una actitud proactiva y orientada a servir. Si usted fuera el cliente pregúntese: ¿Cómo le gustaría que le atendieran? El teléfono, como ya lo sabe, es una poderosa herramienta para darle seguimiento al servicio que se ofrece a fin de resolverle su problema. Muchas veces se requiere el planteamiento de preguntas para obtener la información necesaria. Existen dos tipos de cuestiones.

1. Las preguntas abiertas, se emplean cuando uno quiere que su cliente le explique o le dé información acerca de su situación.

2. Las preguntas cerradas, se usan cuando se necesita una aprobación de su cliente.

Las preguntas se pueden utilizar para determinar los problemas del cliente, entender su petición o establecer sus necesidades. Regularmente para lograr esto se utilizan las preguntas del primer tipo. En cambio, para que el cliente acepte su recomendación o definir exactamente su problema es recomendable emplear preguntas cerradas.

Al hablar con el cliente, por otro lado, la prioridad debe ser identificar lo que quiere o necesita. En este caso se utilizan las preguntas abiertas. Estas comienzan con los siguientes vocablos: cómo, por qué, cuándo, quién, qué y dónde. Ejemplo:

1. ¿Cuándo recibió la mercancía?

2. ¿Por qué quiere devolver el producto?

3. ¿Quién le dio esa información?

4. ¿Cómo quiere recibir la devolución de su dinero?

Las preguntas cerradas comienzan con verbos como ser, desear, estar, tener. Por ejemplo:

1. ¿Tiene usted el recibo?

2. ¿Desea recibir un catálogo nuestro?

3. ¿Está bien a esa hora?

4. ¿Puede participar en nuestra próxima conferencia de orientación?

Cada vez que reciba una llamada de un cliente, debe tener un plan de acción para atenderlo.

1. Salude al cliente en una forma agradable.

2. Preséntese usted y la compañía que representa.

3. Averigüe cuál es el propósito de la llamada.

4. Comunique su mensaje en una forma sencilla y amigable.

5. Mencione cómo puede resolverle la situación.

6. Asegúrese de que está satisfecho con su recomendación.

Cuando trabajamos con clientes nos exponemos a recibir llamadas difíciles en las que el comportamiento del cliente requiere que usted esté preparado para atenderlo. Los siguientes son algunos de ellos:

1. El cliente decidido. Este muestra autoridad y exige acción inmediata. Cuando atienda a un cliente como este es importante mostrar pasividad al principio y escuchar con detenimiento para entender el problema o la petición. Sea amigable, aunque específico en sus comentarios. Use preguntas cerradas para lidiar con la comunicación y no pierda la calma.

2. El cliente agresivo. Esta persona es incómoda y desea que le resuelva su problema al instante. Comuníquele que está en la mejor disposición de resolverle el problema pero que necesita la información exacta para ayudarle. Si sabe que la incomodidad del cliente es justificada, hágale saber que entiende cómo se siente y ofrézcale ayuda para resolver la situación. La comprensión y la empatía son herramientas poderosas para ayudar al cliente. Hágale saber las acciones que tomará y mantenga una actitud de compromiso para solventar el caso.

Cuando usted ayuda a un cliente a resolver una situación y percibe o se da cuenta de que no puede hacerlo de inmediato o que necesitará más tiempo, debe solicitarle autorización para volverle a llamar con la promesa de informarle; eso sí, debe darle una hora específica. Por ejemplo: «Señora Rivera, para poder ayudarla necesito investigar su caso. ¿Está bien si le vuelvo a llamar esta tarde antes de las cuatro? ¿Le parece bien?» Actúe, resuelva el caso y llame antes de las cuatro.

Algo importante para recordar siempre es que cuando termine de conversar con su cliente emplee declaraciones agradables. Por ejemplo: «Gracias por llamarnos», «Gracias por su pedido. Cualquier duda que tenga, por favor, vuelva a llamarnos».

Los clientes quieren:

1. Que se les escuche.
2. Que se les ofrezca un servicio confiable.
3. Que se les dé la información correcta.
4. Un servicio atento.
5. Una acción inmediata a su petición.

Su actitud al servir es clave para ofrecer servicio de calidad. La actitud es la forma en que usted ve las cosas. La que asuma respecto a los clientes influirá en su propio comportamiento; y su cliente percibe cuál es su compromiso a servir bien. Su actitud refleja lo satisfecho que se siente con el trabajo que realiza para resolver los problemas de los clientes. Su vocabulario corporal comunica su disposición a servir. Para fortalecer su actitud comience el día revisando las cosas positivas de su trabajo. Las actitudes positivas impactan a los que nos rodean.

El siguiente es un ejercicio para revisar su actitud hacia el servicio. Conteste cada declaración con sinceridad y diga si es cierta o falsa.

1. Los clientes dependen demasiado de nosotros.
2. Deberían entender nuestros problemas.
3. Deben ser flexibles si no podemos resolver su problema.

4. No deberían molestarse por tener que esperar en el teléfono.

5. Deben ser más pacientes.

6. Deben entender que no podemos resolver su problema en la primera llamada.

7. Deberían tratar de resolver sus problemas antes de llamarnos.

8. Comunican al supervisor sus quejas sin permitirme ayudarles.

9. No saben la cantidad de llamadas que atiendo a diario.

10. Esperan que les resolvamos sus problemas de inmediato.

Si conoce personas que utilizan algunas de esas expresiones, sepa que necesitan ayuda para cambiar su actitud de servicio. Son gente que deben recibir adiestramiento en el área de servicio al cliente. Si conoce a alguien en particular como un compañero de trabajo, por ejemplo, siéntase en libertad de obsequiarle una copia de este libro. Se lo agradecerá igual que sus clientes. Recuerde que la percepción del comprador determina la calidad del servicio que usted ofrece. Los clientes satisfechos son sus mejores promotores; ellos comentan con sus amigos y familiares el servicio que recibió de usted. En una encuesta realizada recientemente se observan algunos de los comentarios que los clientes hicieron del servicio que recibieron.

1. Puedo depender de sus servicios.

2. Tuve una respuesta rápida.

3. Puedo confiar en el servicio que me ofrecen.

4. Su servicio fue de gran ayuda.

5. Me escucharon y me ayudaron a resolverlo.

6. Recibí un servicio cortés.

Para garantizar el éxito en el servicio que ofrecemos, debemos comprometernos a trabajar para mejorar cada día. Recuerde que a usted le pagan para resolver los problemas de sus clientes. Eso es un reto que nunca acaba.

Capítulo 7

SERVICIO AL CLIENTE

Cuando nos dedicamos a servir a nuestros clientes, debemos estar conscientes de que la mayor responsabilidad es proveer un servicio de alta calidad. Para ello debemos consagrarnos a la excelencia, a dar lo mejor de sí y del equipo de trabajo con el que contamos para así obtener la lealtad del cliente.

En los días que vivimos, cuando existe una alta competencia, los clientes tienen mayores oportunidades y muchas veces mejores ofertas que las nuestras. Debemos estar claros, para conseguir la lealtad de un cliente hoy tenemos que esforzarnos y trabajar más, debemos analizar y orientar nuestros recursos al enfoque de sus necesidades y al hecho de satisfacerlas. Hoy nuestros clientes son más educados y exigentes.

La calidad del servicio garantiza la vida del negocio. Los clientes contentos son nuestra mejor campaña publicitaria y los enojados son nuestros peores promotores. Veamos un ejemplo: Un cliente satisfecho, comenta al menos a cuatro personas la buena experiencia que tuvo en su negocio. Estas cuatro a su vez, se lo comunican a dos; o sea, que ya se enteraron de sus servicios ocho individuos. Estos, a la misma vez, se lo comentarán a dos más, para así totalizar una cantidad de dieciséis personas.

Esto quiere decir que el cliente satisfecho impactó a dieciséis personas. Pero, ¿qué sucedió con aquel que se va de su negocio insatisfecho porque no lo atendieron bien o con la rapidez que esperaba? No consiguió la mercancía que necesitaba, ni le ofrecieron incentivos para que volviera a comprar. El negocio se gana un promotor negativo.

Un cliente molesto o insatisfecho con su empresa se lo comunicará a veinte personas; estas se lo comentarán al menos a otras tres, para un total de sesenta; y estas se lo dirán a dos más para un total de ciento veinte personas al continuar el ciclo.

No se si ha ido a un restaurante en el que no le atendieron bien; la comida estaba fría, el servicio pésimo y, además, muy caros los precios. Ese hecho, repetido varias veces, puede llevar a un negocio a cerrar sus puertas. Por ello sugiero orientar al equipo laboral acerca de la importancia de atender bien a los clientes. Es la mejor garantía del éxito de su negocio. Además, es un factor multiplicador de promotores que hablan de la calidad del servicio que usted ofrece.

El primer paso para brindar un buen servicio al cliente es saber identificar las necesidades de sus clientes. Para eso recomiendo a mis estudiantes del seminario «Cómo ofrecer un buen servicio a sus clientes», que tengan una persona recibiendo a sus visitantes en sus negocios. La misma debe ser amable y tener buena presencia para ofrecer la bienvenida y entablar un lazo de cordialidad que represente a la empresa. Además, debe percibir el sentido de urgencia del cliente así como también su necesidad.

Es importante identificar la urgencia del visitante porque así vamos directo a ayudarle a satisfacer sus intereses. Pregúntele: ¿Cómo amaneció hoy? ¿ Le puedo ayudar? ¿Está buscando algo en particular? Su visitante debe entender que usted está en la mejor disposición de ayudarle. En un estudio realizado se identificaron las características de las personas que ofrecen buen servicio.

- Una buena actitud y atención al interlocutor.

- Saben administrar sus pensamientos y sus estados emocionales.

- Leen el vocabulario corporal que abarca el cincuenta y cinco por ciento de la comunicación.

El entusiasmo, por otra parte, juega un papel muy relevante. Muchas veces los visitantes que recibimos en nuestros negocios están muy tensos y cargados. En cuestión de segundos, podemos cambiarles su estado emocional. Ser convincente, persuasivo, íntegro, flexible y responsable, ayuda a crear un ambiente de cordialidad y servicio que hace sentir al cliente satisfecho. Por lo general, bajo estas circunstancias, se convierte en amigo y promotor del negocio y el producto o servicio.

Para ofrecer un buen servicio debemos fomentar confianza con nuestro cliente. Eso implica que hay que dedicarle tiempo, hay que escuchar e identificar sus necesidades. Diagnostique la verdadera necesidad de su cliente y ofrézcale respuestas genuinas a sus necesidades. Usted está llamado a ser un «Facilitador», dándole seguimiento a su cliente y enriqueciendo su vida.

Es vital reconocer la importancia de lidiar con las quejas de sus clientes. Debe tener una actitud de servicio; escuche la queja, no reaccione y mantenga la calma. Interrumpa el enojo del cliente con un comentario conciliador. Por ejemplo: «Lamento mucho que no se le haya atendido como se lo merece. Voy a tratar de ayudarlo».

Enfóquese en la situación y explique cuál es la política de la compañía en estos casos. Trate de ayudar al cliente y de que se vaya satisfecho. Si no lo logra, discúlpese y hágale saber que lamenta mucho no poder ayudarle.

Para ofrecer un buen servicio hay que tener un buen ambiente laboral. Un entorno saludable produce gente sana y clientes satisfechos. La buena comunicación con su equipo es vital. Todos los departamentos de su negocio contribuyen a la calidad de servicio. En la unión está la fuerza que produce unidad de propósito y un buen servicio.

Un cliente satisfecho, que siente que se le ha servido bien, regresa a nuestro negocio y nos recomienda con sus amigos y familiares. Desarrollar calidad en el servicio requiere que usted se comprometa a dar lo mejor de sí, a fin de satisfacer las necesidades del cliente y superar las expectativas que espera de la empresa. Para lograr eso debemos tener una actitud positiva respecto al servicio, cuidar la imagen del negocio y de nuestra persona, conocer las necesidades de los clientes y que sientan importantes.

La calidad de servicio al cliente se evalúa en dos niveles:

• Nivel del procedimiento de su sistema de trabajo.

• Nivel personal, las relaciones con sus clientes.

La política en su negocio para ofrecer calidad de servicio al cliente debe ser: «Tenemos una sola oportunidad para ofrecer un buen servicio a nuestros clientes, no la perdamos». Los que ofrecen buen servicio tienen varias características en común: saben escuchar, son flexibles, les gusta la gente, son entusiastas, convincentes y asumen una actitud positiva. Eso hace que creen confianza en sus clientes, identificando las necesidades de estos y ofreciéndoles respuestas. Cuando esto ocurre, el cliente siente que hay un compromiso genuino de parte de usted para servirle.

Debemos dominar las técnicas para comunicarnos eficazmente con nuestros relacionados. Es importante hablarles mirándoles fijo a los ojos, sonriendo, variando el tono de voz y haciendo comentarios que trasmitan tranquilidad. Así el cliente se sentirá relajado y confiado de que va a recibir un buen servicio.

Una de las áreas más sensibles en nuestras labores es trabajar con clientes difíciles. Estos muestran ciertas características tipo. Se quejan de todo; no se sienten aceptados; son difíciles de complacer; son egoístas y murmuradores. En nuestro seminario «El arte de servir al cliente con efectividad», los clasificamos en cuatro grupos:

1) Perfeccionistas exagerados, los que solo ven lo que no está bien. Siempre están buscando lo que no es perfecto y no aprecian las cosas buenas que están recibiendo.

2) Ansiosos o deprimidos, se enfocan en sus problemas y adoptan el papel de víctimas para captar la atención de modo que se les atienda. Sufren de ansiedad y producen tensión a los que les rodean. Trasmiten tristeza y malestar solo con su voz.

3) Agresivos, hablan alto, amenazan y trasmiten agresividad.

4) Supersensibles, los que por cualquier cosa se resienten.

Nuestro trabajo es aprender a tratar con clientes disgustados. Se disgustan porque no les cumplieron lo que les prometieron, sus expectativas no fueron satisfechas y no les atendieron con la rapidez que esperaban. Llegan a nosotros frustrados, tensos y cansados. Lo primero que recomiendo para atender las quejas de un cliente difícil es no reaccionar. Mantenga la calma, haga un comentario conciliador.

Para calmar a un cliente disgustado tenemos que ser flexibles, comunicarles que estamos dispuestos a ayudarle. Consiga toda la información al respecto y demuéstrele que aprecia su patrocinio. Ofrézcale disculpa por esta situación adversa y explíquele las opciones disponibles para resolver el problema. Deseo darle una receta para mejorar la calidad de servicio a sus clientes:

Prepárese más, amplíe sus conocimientos, lea libros referentes al tema, participe en seminarios. Establezca sistemas para evaluar la calidad de sus servicios. Conozca a sus clientes y haga más que su competencia. ¡Hágalo mejor! Recuerde la calidad de servicio que ofrecía antes, son los resultados que hoy está consiguiendo en su negocio. La calidad que ofrece hoy garantiza el éxito de su empresa.

Para producir cambios positivos en el servicio a los clientes tenemos que dedicarnos a servir. La motivación a servir bien es esa fuerza que nos mueve a realizar nuestro trabajo con calidad. Cuando queremos hacer algo en la vida es porque ese algo tiene valor para nosotros. ¿Qué valores le motivan a servir bien? Ellos son lo más importante que uno tiene para ofrecer un buen servicio.

La mayor dificultad que hallo en mi interminable búsqueda de sentido por lo que hago, vivo y soy es que muchas personas no tienen definidos sus valores con claridad. ¿Qué significado tiene su negocio? ¿Cómo le ayuda su empresa a crecer? Las personas trabajan toda una vida estableciendo objetivos sin definir antes lo que tiene valor para sí y alcanzan muchas veces objetivos aunque no se sienten realizadas. Eso ocurre porque no tienen definidos sus valores. Por eso es que es tan importante identificar los valores que nos motivan a servir bien, de modo que propendamos a un estado emocional que nos permita dar lo mejor para servir bien.

Debemos preguntarnos: ¿Cuáles son los sentimientos que me gustaría experimentar cuando atiendo a un cliente? Es importante establecer una jerarquía de valores para ofrecer un buen servicio. Ello constituye un mecanismo de control que rige la forma en que debemos actuar con el cliente y es muy valioso a la hora de tomar decisiones correctas para ofrecer un servicio de excelencia. Es importante que conozca sus propios valores, pero más aún lo es que sepa cuáles son los de sus clientes. Eso le permitirá comprenderlos mejor de manera que desarrolle una mejor calidad en el servicio. Sería bueno identificar lo bueno que hace hoy en su negocio. ¿Qué le motiva en su empresa?

Defina cuáles son los cinco puntos más importante de su negocio. Es posible que sean sus compañeros, los clientes, el crecimiento profesional, el dinero que recibe por su trabajo, la satisfacción de ver a un cliente satisfecho. Usted definirá las cosas que le motivan. La calidad de su servicio va a basarse en la calidad de sus valores y sus propósitos. Las decisiones que tome impactarán en la calidad de servicio que ofrezca.

Es relevante también identificar las cosas que nos impiden servir mejor y las que nos quitan fuerzas. Es probable que sean emociones como la depresión, la humillación, el complejo de culpa, la soledad, la frustración, el rechazo. Muchas veces no logramos un buen servicio a nuestros clientes porque no sabemos enfrentarnos a estos estados emocionales negativos que nos debilitan. Haga una lista de las cosas que medran sus fuerzas y observará que hay que aprender a vencerlas.

Mi trabajo me permite compartir con muchas personas. Por eso observo que una de las cosas que más debilita a la gente es la depresión. Esta puede afectar a cualquiera sin importar raza, edad, religión o condición social. Cada año en Estados Unidos hay cerca de catorce millones de personas que sufren depresión. Cerca de cuatro por ciento de la población sufre síntomas depresivos en algún momento de su vida. Se reporta que la mujer es dos veces más susceptible a la depresión que el hombre.

¿Cuáles son los síntomas de la depresión?

- El enojo que hace llorar con facilidad.

- Falta de sueño a la hora de dormir.

- Pérdida del interés por cosas que antes disfrutaba.

- Cansancio y debilidad para realizar actividades.

- Sensación de inutilidad y fracaso.

- Pérdida de deseos por vivir.

¿Qué puede causar la depresión?

En esto interviene una combinación de factores tanto internos como externos. Está científicamente comprobado que la persona sufre de ciertos cambios químicos en su cerebro, afectando sus células y creando un desequilibrio que da paso a la depresión.

Pueden existir otras causas como: enfermedades, cáncer, ataques cardiacos, problemas con las tiroides, abuso de alcohol, uso de drogas, turbulencias económicas, legales, ajustes del retiro, pérdida del empleo, problemas familiares, divorcio, pérdida de un ser querido y otros.

¿Cómo puede ayudarse para vencer la depresión?

- Reúnase con personas que enriquezcan su vida.

- Si continúa la depresión, puede visitar a su doctor.

- Cambie el enfoque de las situaciones que vive.

Pregúntese:

- ¿Qué no es perfecto todavía?

- ¿Qué puedo aprender de esta experiencia?

- ¿Qué cosa positiva puede sacar de este problema?

- ¿Qué cambios debo implementar para superar esta situación que me afecta?

¿Qué puedo hacer para cambiar las cosas?

- Ejercicios, buena alimentación, dormir y descansar.

- Leer libros de inspiración.

- Asistir a seminarios de desarrollo personal.

- Vivir un día a la vez, enfocarse en el día de hoy.

- Decidirse a vivir mejor.

- Recordar que Dios no nos dio espíritu de cobardía si no de poder, amor y dominio propio.

A veces usted mismo crea la depresión; pero entienda que cuesta el mismo trabajo sentirse deprimido que producir un estado de felicidad. La persona deprimida enfoca toda su energía mental para ver su vida de una manera particular. Se hace preguntas que le molestan. Se visualiza de una manera determinada y asume cierta postura con su cuerpo. Observe, por ejemplo, a una persona deprimida y notará que tiene sus hombros caídos, la mirada enfocada hacia el piso, habla con un tono de voz débil, con tristeza. A veces se rigen por una dieta incorrecta, pasan horas y días encerrados dentro de sí mismos, pensando en los problemas que tienen que enfrentar y enfocando todo su potencial en las dificultades.

La verdad es que se necesita un gran esfuerzo para deprimirse, lo que indica que la calidad de la comunicación de la persona consigo mismo es muy pobre. Podemos cambiar nuestro estado emocional depresivo en un momento grato y feliz en solo tres segundos, si aprendemos a cambiar nuestra visión de nosotros mismos y a comunicarnos interiormente. Para ello, podemos formularnos preguntas como:

- ¿Qué me hace feliz hoy?

- ¿Qué logro importante he alcanzado en mi vida?

- ¿De qué me siento orgulloso?

- ¿En qué persona me quiero convertir?

- ¿Qué personas enriquecen mi vida?

Al contestar estas preguntas, usted gira instrucciones a su sistema nervioso para que visualice y se enfoque en las cosas que le dan fuerzas, enriquecen su vida, le llenan de energías y le permiten cambiar sus perspectivas.

Revise cómo está su tono de voz, su respiración, el movimiento de su cuerpo y empiece a moverse con la energía que suele tener. Usted reúne todos los requisitos para alcanzar el éxito. Para crear estados emocionales gratos no se necesita ser inteligente, ni tampoco· ir a la universidad, sencillamente se parece al trabajo de un director de películas que para producir ciertos estados emocionales en sus artistas manipula y controla varios efectos de lo que usted oye y de lo que ve para impactar su siquis. Por ejemplo: Si desea asustarlo, aumenta el volumen de la música, desarrolla efectos de sonidos, aumenta o disminuye la iluminación y en cuestión de segundos crea un ambiente que puede ser de felicidad, paz, alegría o miedo, tensión e inseguridad.

Usted puede hacer lo mismo con la pantalla de su mente, añadiéndole fuerza a los pensamientos que enriquecen su vida, eliminándoles la luz y el sonido a los mensajes negativos que le debilitan, le roban sus sueños y su energía.

Podemos concluir que hay estados emocionales que fortalecen, como por ejemplo: la confianza, el amor, la seguridad interna, la alegría, la fe, etc. Todos ellos producen una fuerza inagotable que, utilizada en una manera correcta, contribuye a mejorar la calidad de vida.

Hay también estados emocionales que nos paralizan, como la confusión, la depresión, el miedo, la angustia, la tristeza, la frustración que nos hace ver insuficientes, impotentes y sin fuerzas. Es vital comprender que nuestros estados emocionales constituyen la fuente de poder para producir un cambio profundo en nuestras vidas y así vivir con excelencia. Siempre digo que la conducta de las personas tiene relación directa con los estados emocionales en que se encuentran. Necesitamos ayudar a nuestros clientes para que aprendan a cambiar sus estados emocionales, a readiestrar su sistema nervioso de forma que puedan crear estados dinámicos y estimulantes.

La visión que uno tiene de sí mismo, de su familia, de su comunidad y de su país determina la manera en que reaccionamos cuando nos encontramos frustrados y deprimidos por no conseguir los resultados deseados. Esa visión nos da fuerza, energía, creatividad, perseverancia y fe para seguir luchando hasta lograr los resultados.

La fe es la convicción de ver realizado lo que aún no se ve, es un elemento indispensable para seguir luchando y recuperar las fuerzas cuando nos encontramos frente a las adversidades. La perseverancia es el hábito de seguir luchando hasta conseguir la meta que nos propusimos. Si caemos siete veces, levantémonos ocho. Si la gente nos falla, continuemos buscando alternativas hasta conseguir la fórmula para alcanzar las metas.

Estamos condicionados a rendirnos en el primer obstáculo que encontramos. Cambiamos de rumbo, de metas y de visión porque muchas veces nos entra un sentimiento de derrota y pensamos que no podemos.

¿Cómo podemos vencer, cambiar ese espíritu de derrota, de desaliento o pesimismo que a veces nos ataca? De la misma manera que nos bañamos cada día, comemos, descansamos y nos cambiamos de ropa. Necesitamos cambiar los pensamientos negativos que nos oprimen y nos hacen ver derrotados.

Hay que buscar la dirección de Dios, hay que reconocer la autoridad que tenemos como hijos de Dios. Es importante que se hable a sí mismo, que se vea, se sienta, se comporte y respire la tranquilidad y la paz que produce el Espíritu de Dios, la herramienta más poderosa para cambiar la derrota en victoria. Mantenerse en pie de lucha y en victoria es necesario para controlar su imaginación, su creatividad y su entusiasmo de modo que busque alternativas que le permitan obtener soluciones.

Recuerde que mientras más grande sea el problema que tenga que enfrentar, mayor oportunidad tendrá para utilizar el potencial que Dios le dio. «Manténgase en pie de lucha y en victoria».

Dejaremos la derrota una vez que tengamos claro que esos estados emocionales negativos los producimos nosotros mismos. De manera que los podemos controlar. Tenemos que estar conscientes de las cosas que nos motivan para ofrecer un buen servicio.

Podemos decidirnos a identificar los valores que queremos desarrollar para mejorar el servicio a nuestros clientes. Es probable que se pregunte: ¿Cómo puedo identificar los valores para mejorar la calidad del servicio? Esto es algo sencillo de contestar. Consiga una hoja de papel y un lápiz y contéstese esta pregunta: ¿Qué es lo más importante que ofrece su negocio?

La verdad es que cuando uno tiene una lista de valores definidos, empieza a fortalecer el servicio al cliente, a visualizar las cosas buenas que tiene su trabajo y a identificar las que hay que mejorar. Desarrollar una actitud positiva que produzca un equilibrio tal que pueda tomar decisiones de calidad que promuevan cambios profundos es una manera de ofrecer un servicio mejor.

Para producir cambios profundos tenemos que transformar nuestros valores. Es importante recordar que las personas que hicieron historia se comprometieron en absoluto con su visión, con sus objetivos y con sus valores.

Debemos acondicionar nuestro sistema nervioso para ofrecer un buen servicio, tener conciencia de que nuestra calidad de servicio, la calidad de nuestro trabajo va a mejorar una vez que eliminemos los valores negativos que sabotean nuestro desempeño. Para eso debemos identificar los beneficios que ofrecen cada uno de los valores de su empresa.

Mi trabajo, por ejemplo, me produce una satisfacción extraordinaria; ya que tengo la capacidad de trasmitir, comunicar y promover cambios en las actitudes de los demás. Cuando uno está consciente de que lo que hace es importante, automáticamente empezamos a cambiar dentro de nosotros mismos y comenzamos a definir los valores que necesitamos para convertirnos en buenos servidores.

Quiero recomendarle que identifique su meta máxima en cuanto a mejorar sus servicios. Lo que más le gustaría realizar en su negocio. Si hoy se tuviera que ir de este mundo, realmente, ¿cuál sería el objetivo máximo que le habría gustado alcanzar en su negocio? ¿Cuáles son las cosas que le agradaría hacer en su empresa y qué pasos daría para establecer las prioridades en su negocio?

Identifique cuáles son sus valores actuales. Anótelos por orden de importancia. Esto le ayudará a conocer los valores que le motivan e identificar los que le quitan fuerzas. Así conocerá y comprenderá por qué hace lo que hace. Las preguntas clave son:

- ¿Cuáles tendrían que ser mis valores para alcanzar lo que quiero?

- ¿Qué tipo de persona tendría que ser para desarrollar el tipo de negocio que aspiro?

- ¿Cuáles deben ser mis valores para convertirme en un empresario mejor?

- ¿Qué valores debo eliminar y cuáles añadir para aumentar mi productividad?

Las respuestas a estas interrogantes le ayudarán a transformar la forma de usted verse, comportarse y relacionarse con otras personas. Hay un mensaje que dice: «Somos resultado de las decisiones que tomamos». Los resultados siempre dependen de las decisiones que tome hoy, no se puede culpar a nadie por los resultados que producimos en nuestra vida. Tenemos que asumir responsabilidad por los resultados que obtenemos en la vida.

Capítulo 8

LA FUERZA DEL NETWORK

Los tiempos en que vivimos requieren de los dueños de negocios que sean creativos, dinámicos, flexibles ante las necesidades de sus clientes. La realidad es que hay muchos de ellos que no están consiguiendo buenos resultados. Según las estadísticas, en los Estados Unidos, se inician más de cuatrocientos mil nuevos negocios cada año y el cincuenta por ciento de ellos cierra en los primeros dos. Cada día se hace más necesario adiestrar y orientar a los dueños de negocios para que desarrollen su empresa con éxito, identificando las necesidades del mercado y el nivel de disponibilidad de los clientes para satisfacerlas.

La revolución que vivimos en este nuevo siglo trae nuevas reglas de juego. Estas requieren que los dueños de negocios se mantengan informados, educados y adiestrados para que participen en este proceso de cambio y de oportunidades. En esta última década se ha pavimento la autopista de la información para facilitar el proceso.

1. Existe un nuevo orden económico llamado «Globalización», mediante el cual las economías armonizan sus políticas, establecen acuerdos de libre comercio, etc. Uno de los más impactantes es el acuerdo de libre comercio entre Estados Unidos,

Canadá y México, que reúne más de cuatrocientos millones de consumidores con una capacidad de consumo de miles de billones de dólares.

Quiere decir que se han creado nuevas comunidades económicas sin fronteras por primera vez en la historia. Hoy se están abriendo las puertas para desarrollar negocios en todos los países posibles. Para la primera década del dos mil se espera que los países en Latinoamérica se unan para realizar acuerdos económicos como el del Cono Sur, que agrupa a Chile, Argentina y Uruguay con más de cincuenta millones de personas. Muy pronto veremos más de quinientos millones de latinoamericanos unidos en una sola economía sin fronteras con un potencial de desarrollo extraordinario. ¿Está usted preparado para participar en este proceso de cambio?

2. Otro avance en la última década del segundo milenio se observó en los recursos desarrollados para difundir información. Esta revolución de las comunicaciones se palpa hoy día a través de la televisión vía satélite, Internet, vídeoconferencias, fax y teléfonos celulares. Realmente es sorprendente.

Todo ello permite que las personas se comuniquen y puedan adquirir productos y servicios en una forma rápida y eficiente produciendo transformaciones en sus creencias, valores y actitudes. Esto abre las puertas para que el consumidor esté más orientado y educado, llevándolo por consiguiente a ser más exigente.

3. Otra aportación de nuestros antepasados es que se ha logrado conscientizar a los empresarios acerca de la importancia de la capacitación y el aprendizaje. Anteriormente se hablaba de la importancia del conocimiento. La frase popular era «El conocimiento es poder», pero después de un tiempo nos dimos cuenta de que el tener mucho conocimiento no garantiza el éxito de una empresa o de un individuo.

Es más importante poder entender, aplicar y utilizar eficazmente la información que tenemos para desarrollarnos y ser más competitivos en este nuevo siglo. Vivimos unos tiempos en los que el aprendizaje juega un papel vital para poder desarrollar la empresa y el individuo. Nuestra organización de consultoría y adiestramiento ha estado cumpliendo con esta encomienda, ayudando a miles de personas y a cientos de empresas a fortalecer no solo su inteligencia intelectual, sino también la emocional para producir una organización flexible ante los cambios y enfocada a fortalecer a su gente para ser una empresa más exitosa.

4. La última década dio paso al liderazgo femenino. La mujer ha asumido una posición participativa en este momento histórico de cambios junto con las oportunidades que se le ha ofrecido a través de las pequeñas empresas y el gobierno. Hoy la mujer dirige su propio negocio, participa en posiciones de alta responsabilidad y ha demostrado su capacidad para mantener un balance entre su vida personal, su familia y su trabajo.

Hoy existe una nueva mujer muy diferente a la del siglo XX, que sabe equilibrar el trabajo con el hogar. Una mujer que es joven de espíritu, madura en todas sus etapas, atractiva, inteligente, que lee, se educa y tiene una capacidad que se proyecta no solo en las decisiones importantes, si no también como parte en ese proceso de cambios involucrada activamente en posiciones de liderato.

La mujer de estos tiempos se proyecta como una persona íntegra, equilibrada, que administra sus emociones y su inteligencia para enfrentarse a los cambios que se avecinan. Así como participa activamente en la toma de decisiones, juega también un papel importante en su familia decidiendo que se va a comer, a qué lugar irán de vacaciones, qué ropa se usará y qué automóvil se comprará, entre otras cosas.

5. En la actualidad se promueve que la gente trabaje desde su hogar. Se sabe que el computador, el teléfono e Internet han pasado a ser herramientas indispensables para desarrollar el trabajo y aumentar el tiempo libre de las personas. La nueva tecnología ayudará a producir un hogar más confortable, seguro y económico.

Se estima que será un hogar tan atractivo que a algunos le resultara difícil salir de allí. La flexibilidad en el horario de trabajo será algo normal, esto permitirá la oportunidad de viajar, educarse y conocer otras culturas. Se proyecta que los grandes hoteles, paradores y centros turísticos se llenarán, ya que esta modalidad laboral hará que las personas puedan trabajar desde el cuarto del hotel mientras sus niños estudian en ese mismo lugar a través de Internet y vídeoconferencias.

El estilo de vida de las personas buscará mayor interacción. Se intentará crear confianza con las personas que uno se relaciona, se preferirá lo autentico, lo natural. Se protegerá la salud buscando una alimentación sana y utilizando los alimentos como medicina preventiva. Habrá un mayor deseo por mantenerse educado y entrenado para utilizar la nueva tecnología. Lo que significa que las personas cuidarán de sus vidas para mantenerse saludables y vigorosos y así disfrutar de una calidad de vida excelente.

Todos estos asuntos influirán en el mercado haciendo que cambie y se produzcan nuevas oportunidades de negocio para esta próxima década, en el área de finanzas, entretenimiento, alimentación, consultaría, estilos de viviendas, productos de seguridad, servicios de salud, productos de oficinas y otros. Estas demandas conforman un escenario en el que tendremos un cliente más exigente y menos leal.

La competencia aprovechará esto para mantenerse motivada buscando nuevas ideas para ofrecer los productos o servicios en una forma más eficiente y económica. Tantos adelantos y cambios en tan corto tiempo provocan confusión en aquellos que no tienen una visión personal claramente definida y una vida equilibrada.

Es importante conscientizar a nuestros empresarios de que estamos viviendo un proceso de cambios acelerados y que los sistemas creados van a facilitar la vida en unas áreas y complicarla en otras.

El invento del siglo XX que más impacto hará en el XXI es la red mundial de Internet. Esta crecerá y se convertirá en el más influyente instrumento para el desarrollo de una nueva sociedad, creando nuevos canales de distribución. Esta herramienta liberará a la persona del trabajo mental, de la misma manera que la máquina mecánica lo hizo con el trabajo físico. Se proyecta que no habrá limites que no pueda superar Internet ya que se piensa que los equipos informáticos serán más pequeños y se podrán llevar encima. El proceso de comunicación permitirá que la persona pueda cubrir el globo terrestre, lo que quiere decir que se podrá comunicar y hacer negocios con personas de Australia, Europa, China, Japón y otros países sin necesidad de salir de su hogar o de su oficina.

Se creará una nueva cultura en la que surgirán nuevos lenguajes y formas de convivir. La productividad mundial aumentará con rapidez. La profesión más importante en el nuevo siglo será la del empresario. Lo que motivará que las personas desarrollen sus propios negocios, ofrezcan servicios y productos en una manera rápida y eficaz. Lo único que tenemos garantizado es el cambio en la forma de hacer negocios.

Los cambios pueden ser positivos o negativos. Uno de los retos que tendrá el empresario en el siglo XXI será estudiar cómo utilizar todos estos cambios en beneficio de su negocio, su grupo de trabajo y su persona. Le invito a que esté atento a los cambios que se avecinan. A que desarrolle una actitud positiva ante todos los cambios que vienen en camino, estúdielos y analícelos. Identifique cuál va a ser su participación en este proceso acelerado del mundo mercantil que se presenta.

Cada año visito más de treinta ciudades en los Estados Unidos, Puerto Rico y Latinoamérica y veo las oportunidades que existen. Son extraordinarias.

Estamos uniendo fuerzas con cientos de personas que tienen muchas capacidades, habilidades, recursos y talentos. Precisamente ese es el principio del *network*, es más, eso es *networking*, compartir información, conocimientos y productos mediante lo cual las personas se unen en una forma profesional para enriquecer sus vidas y sus negocios.

Una de las cosas que más altera a las personas es el miedo al dinero. Es importante reconocer que este no es malo en sí mismo, lo malo es el amor al dinero. Cuando uno trabaja por dinero, uno ama al dinero; cuando uno trabaja para ayudar a la gente, uno está dando un buen servicio, que como consecuencia produce dinero y muchas satisfacciones.

Las estadísticas confirman que los resultados que estamos produciendo en nuestras finanzas no son los mejores. La gran mayoría de las personas que se jubilan a los sesenta y cinco años en EE.UU., que es el país más rico del mundo, tienen en su cuenta de ahorros un promedio de dos mil quinientos dólares o menos. El cuarenta por ciento de las personas jubiladas en los EE.UU. tienen una pensión que no les rinde para vivir, eso se debe a que la inflación reduce el poder de adquisición.

El ingreso promedio de las familias en los EE.UU. es de veinticuatro mil quinientos dólares anuales, lo cual hace que permanezcan en déficit continuo tomando prestado para pagar lo que pidieron el año pasado. El costo promedio de una casa es de ciento dieciséis mil dólares, unas cinco veces más que el ingreso promedio anual. El costo promedio de un auto nuevo es de dieciocho mil dólares y la educación privada está costando unos trece mil quinientos dólares por año. Las personas venden sus horas de trabajo por unos cinco a diez dólares la hora y necesitan ganar al menos de veinticinco a cuarenta dólares para estar equilibrados. Lo que significa que tienen un déficit de veinte a treinta dólares por hora, que sería un faltante de ciento sesenta dólares diarios para poder vivir al nivel que necesitan.

El ingreso mínimo necesario para vivir en los EE.UU. es de cien mil dólares al año y solo uno y medio por ciento de las personas lo están produciendo. Por eso es que el noventa y cinco por ciento de las familias en Estados Unidos tienen más deudas de lo que ganan. La pregunta es: ¿Cómo podemos resolver este problema de dinero de una vez y para siempre? En un estudio realizado, la gente contestó esta pregunta de distintas formas.

1. Hay que estudiar y graduarse en la universidad. Hay que ser profesional, sea abogado, ingeniero, médico. No obstante las carreras universitarias cada vez son más costosas. El precio de los libros, la matrícula y la comida suben cada año. Además, después de concluir los estudios no hay garantía de que pueda trabajar en el campo que estudió. Las investigaciones confirman que nueve de cada diez graduados universitarios no consiguen trabajo en lo que se prepararon. Los cambios en la economía indican que una persona promedio tendrá de siete a ocho trabajos en su vida productiva.

Solamente un pequeño grupo de estudiantes verá que su inversión en estudios —que es aproximadamente de cincuenta mil dólares; durante más cuatro años— le va a producir una seguridad financiera y una estabilidad profesional. En estos últimos años hemos visto millones de personas que han perdido sus trabajos de quince y veinte años de experiencia, con ingresos de sesenta a setenta mil dólares al año y han tenido que cambiar de carrera, reducir sus ingresos y, por ende, su estabilidad profesional.

En los últimos años de la década, se perdieron en los Estados Unidos más de setecientos mil empleos, unos tres mil cien cada día. Desde 1980 hasta hoy se estima que se han perdido más de cinco millones de empleos, dato confirmado por las revistas *Time, Fortune* y *U.S. News.*

Como dato interesante el cuarenta y siete por ciento de las compañías *Fortune 500* iniciadas en 1980, hoy no están operando. La seguridad laboral en los EE.UU. es historia del pasado. En efecto, desde 1980 trabajan desde su casa unos cinco millones de personas; hoy este número supera los veinticuatro millones. Se espera que para el año dos mil cinco más de treinta y cinco millones de personas trabajen por su cuenta desde su hogar. Paul Zane Pilzer, reconocido autor del libro *Unlimited Wealth,* estima que para el año dos mil veinte el desempleo aumentará drásticamente. Esto no va ser solamente en los EE.UU., también ocurrirá en Japón, donde la seguridad laboral está integrada a la cultura. La empresa Sony, líder en la industria electrónica, despidió el veinte por ciento de su fuerza laboral. Otra de las desventajas que tiene trabajar para otro es que lo que uno recibe por sus horas es solo un veinticinco por ciento del valor real de su trabajo.

2. La segunda respuesta que dan las personas para resolver el problema del dinero es jugar a la lotería y ganar. Todos los meses surgen unos veintidós nuevos millonarios en EE.UU., entre más de siete millones de personas que juegan con regularidad. El costo es un dólar por boleto, pero las posibilidades son remotas. No recomiendo esto como una solución.

3. La tercera opción que la gente recomienda para resolver el problema del dinero es desarrollar un pequeño negocio. Cincuenta por ciento de los negocios fracasan en los primeros dos años. El remanente no llega a los cincos y el restante no supera el décimo aniversario. Los problemas más serios al desarrollar un pequeño negocio son: capital, local, permiso, licencias, seguros

y personal. Los estudios confirman que uno de cada veinticinco negocios tienen éxito, aunque requiera un promedio de catorce a dieciséis horas al día con un mínimo de seis a la semana. Muchas veces la persona no es dueña del negocio, al contrario, el negocio es dueño de la persona.

4. La cuarta solución que recomiendan las personas según este estudio es comprar una franquicia. Esta reduce la posibilidad de fracasar. Usted invierte cien mil dólares y empieza a trabajar. Teóricamente la franquicia es la forma más fácil de tener éxito. Treinta y cinco por ciento de todos los productos y servicios que se venden en EE.UU. son distribuidos a través de franquicias. Más de ochocientos billones de dólares se mueven cada año en operaciones con franquicias. La inversión promedio es de ochenta y cinco mil; sin incluir instalaciones, equipo y otros gastos que requieren una inversión inicial de doscientos cincuenta a quinientos mil dólares para arrancar. En adición a esto, se requiere un capital similar para operar el primer año.

Hay que añadir que usted tendrá que pagar un porcentaje fijo de las ventas a la compañía que le vendió su franquicia, tenga ganancias o no. Es interesante evaluar que una tercera parte de las franquicias ganan dinero. Dos de cada tres pierden o cubren sus gastos.

5. La quinta alternativa que se presenta para producir dinero es afiliarse a una compañía de *network* o multinivel, como se conoce en español. Uno de cada cinco ricos en los EE.UU., durante los últimos veinticinco años, se han hecho millonarios en los negocios de *network*. En la primera década del dos mil se harán más millonarios en los negocios de *network* que los que llegaron a serlo entre la década del sesenta a la del noventa.

¿Qué ofrece el *network* para hacer una carrera y conseguir la libertad financiera?

1. Este negocio está disponible para todas las personas, no importa edad, sexo, educación, raza, religión, experiencia si ha fracasado o ha triunfado en el pasado. Y, además, el capital para comenzar es mínimo. En otras palabras, no le piden diploma, carta de referencias, examen físico, sicológico, buenas notas ni nada más.

2. Brinda la oportunidad para que usted tenga el control y sea el presidente o ejecutivo de su compañía.

3. Usted puede empezar a tiempo completo o parcial, en la ciudad que quiera y a donde vaya. También lo puede hacer desde su casa, hoy hay millones de personas que están haciendo su negocio desde el hogar.

4. La compañía le ofrece el apoyo para que pueda aprender y enseñarles a otros a hacer negocios.

5. Hoy los negocios desde el hogar están produciendo trescientos ochenta y dos billones de dólares en ventas. En EE.UU. se abre un pequeño negocio en la casa cada once segundos. El cuarenta y cuatro por ciento de los dueños de casas en EE.UU. tienen una oficina en su hogar. Esto se reconoce como la revolución de la libre empresa.

6. El negocio de *network* representa una excelente oportunidad ya que usted puede asociarse a una empresa que le ofrezca el producto, el plan de mercadeo, la administración, un programa de beneficios, reconocimientos y adiestramiento con una inversión mínima; permitiéndole producir trescientos, mil o cinco mil dólares

mensuales, según sus habilidades y su esfuerzo. ¿Qué pasaría si produjera entre dieciocho a veinticinco mil dólares adicionales cada año? ¿Le ayudaría eso? Millones de personas en el mundo han descubierto que el *network* es la herramienta para producir dinero y proveerle a su familia el estilo de vida que aspira.

La forma de producir dinero en *network* es adquiriendo un servicio o producto donde se compra al mayor y venderlo al detal. La diferencia que se obtiene en la transacción es su ganancia. Una de las cosas interesantes que tiene el *network* es el ingreso residual. Esto es lo mismo que los ingresos que genera un autor, un inventor, un compositor, que recibe un beneficio cada vez que se vende su producto. En el *network,* la persona invierte su tiempo, su dinero mientras produce un ingreso residual mensualmente a través de la venta que ayuda a realizar a otros que tiene bajo su cadena de socios en su negocio. ¿Le permite su actual trabajo producir la libertad de tiempo y dinero que usted aspira?

Espero que esta idea le abra su mente para reconocer el poder económico del *network*. Esto lo reconocen grandes empresas en EE.UU. como: Gillette, Colgate Palmolive, Sprint, Rexall, Avon, Primerica, IBM y otras compañías que han establecido su sistema de red. Las grandes corporaciones reconocen que este método de distribución es eficaz porque ayuda a la gente a tener éxito. Hay millones de testimonios de personas que han cambiado su condición financiera y su estilo de vida. Para el próximo siglo habrá más millonarios en el mundo, gracias a los negocios de *network* que se están desarrollado.

Muchos piensan que *network* es una pirámide o algo relacionado con un juego ilegal. Los que así piensan no conocen el proceso en que opera el sistema *network*. Muchos gobiernos de diversos países ofrecen servicios en forma de pirámide. El seguro social es un ejemplo de ello.

Usted aporta una cantidad mensual y espera, para recibir unos beneficios en el futuro. En 1979, la venta a través del *network* fue confirmada como un método de distribución legal en las cortes de los EE.UU., en el caso que estableció FTC contra Amway Co. Esto confirma la legalidad de una buena práctica para hacer negocios. Otras personas piensan que el *network* es una forma de hacerse rico rápidamente y están muy equivocados. Esto es una profesión que ofrece la oportunidad de hacer una carrera y conseguir en menos tiempo la independencia financiera que en otra manera tradicional. Realmente es una oportunidad para autoemplearse.

Otros piensan que hay que ser muy hábil, tener mucho dinero o contactos para tener éxito. La verdad es que usted puede comenzar su negocio con menos de mil dólares; quizás con un pequeño inventario y materiales para promover su negocio. Realmente lo que tiene que saber es que cada persona que usted conoce puede tener contacto con unas cuatrocientas a ochocientas personas. Y que todas estas pueden conocer entre dieciséis a treinta y dos mil personas, cuyas necesidades pueden satisfacerse con ayuda de su negocio.

Un beneficio grande que tiene el negocio de *network* es que no requiere inventario. La compañía matriz puede distribuir y entregar el producto directamente a la puerta de su cliente. Lo único que se requiere es que usted hable de los beneficios de su producto, lo promueva y lo muestre para crear el interés en sus clientes potenciales. Esto lo motivará a vender su producto o servicio a la vez que recibe un beneficio económico por hacer esta labor.

Otro beneficio en el sistema de *network* es que cada una de las personas que participa en el negocio es dueño, presidente y ejecutivo de su negocio. Es un contratista independiente que firma un acuerdo con la compañía matriz, lo que le da autoridad para desarrollar su organización. Usted no trabaja para la compañía, trabaja en asociación con ella. La compañía le provee producto, sistema de mercadeo, capitalización, administración, asesoría legal, control de calidad, almacenamiento, envío, garantía, adiestramiento, programas, incentivos, bonos y apoyo a sus asociados.

Usted será responsable de desarrollar su organización y darle servicios a sus clientes. El ochenta por ciento del éxito de cualquier compañía depende de un mercadeo eficaz. Está comprobado que el mejor método para mercadear un producto con el que todos ganan —el cliente, el representante y la compañía—, es el de *network.*

En el sistema de *network,* usted tiene tres responsabilidades:

1. Usar el producto.
2. Recomendar y vender el producto.
3. Asociar nuevas personas a la organización.

En cuestión de dieciocho a treinta meses, usted puede tener una organización que venda miles de dólares y generé grandes beneficios para todos los que trabajan en ella. Hay miles de testimonios de personas que cambiaron su vida gracias a un negocio de *network.*

Capítulo 9

DESARROLLE SU NEGOCIO EN INTERNET

Vivimos en momentos históricos, como a fines del siglo diecinueve y comienzos del veinte, cuando se desarrollaron cientos de inventos como el ferrocarril, el teléfono, la electricidad, el automóvil, el avión, el telégrafo; invenciones que cambiaron nuestro estilo de vida.

El siglo veintiuno empezó en medio de una verdadera revolución tecnológica: las comunicaciones, el fax, los satélites, teléfonos celulares, el microondas, el vídeocasete, la música en disco compacto o CD, las computadoras, Internet y otros. Estamos en momentos históricos, ya que se espera que en los próximos veinte años surjan cientos de nuevos productos y negocios que faciliten nuestras vidas.

Uno de esos cambios radicales que estamos experimentando es el uso de Internet como instrumento de comunicación, educación, entretenimiento, comercio y trabajo. Existen millones de personas conectadas a esta novedosa red, y se espera que antes de dos mil diez, ya sean más de setecientos millones los usuarios de este medio que lo empleen como su instrumento de comunicación primario. Se espera que las compras a través de Internet sobrepasen la cantidad de ochocientos billones de dólares en ventas en los próximos años. Estamos experimentando la misma revolución tecnológica que cuando se comenzó a utilizaron los sistemas de telecomunicación masiva.

Me emociona saber que ya exista un sistema de comunicación que une a cientos de millones de consumidores que pueden comprar su producto a través de la computadora. Esto quiere decir que usted puede tener un negocio en Internet que se promueva mundialmente, con la capacidad de enviar gráficas, textos, fotos, sonidos y vídeos a la velocidad de la luz.

Internet rompió las barreras entre millones de personas y usted alrededor del mundo. No existe ningún otro medio que llegue a tantas personas en tan corto tiempo, en una forma tan económica y eficaz. La tecnología que utiliza ha cambiado totalmente las reglas en la forma de hacer negocios; esta, por supuesto, seguirá evolucionando, pero los principios que rigen los negocios hoy no cambian mucho. Debemos enfocarnos en la manera de desarrollar el negocio y no tratar de conocer toda la tecnología que implica, ya que esta cambia continuamente; lo cual puede confundirnos y detener el desarrollo de la empresa.

Es importante saber exactamente qué es Internet. Es un sistema de comunicación mundial en el que millones de computadoras se conectan entre sí a través de líneas de fibra óptica, sistemas de cable y satélites. Es una red digital que transmite información a la velocidad de la luz. Lo comenzó el Departamento de Guerra de los Estados Unidos en el año mil novecientos sesenta; a principios de la guerra fría. La estrategia era diversificar la información en distintas computadoras, de tal manera, que si los Estados Unidos reciben un ataque por una bomba nuclear, tengan acceso a la información desde cualquier computadora, comunicándose con las distintas agencias involucradas en la emergencia. Esta tecnología se puso a la disposición de las universidades y científicos, quienes comenzaron a utilizarla para enviar e intercambiar información entre colegas. Es sorprendente cómo en menos de diez años nació una nueva industria que

ha revolucionado las comunicaciones, que existe como una tela-
raña imaginaria y une millones de prospectos potenciales alrededor del mundo.

Otra herramienta poderosa es el correo electrónico. Es muy
similar al que utilizamos todos los días; la diferencia es que no se
usa papel, sobres ni sellos; y la comunicación escrita, en voz o en
vídeo le llega a nuestro destinatario en fracciones de minutos,
sin costo adicional para usted. La pregunta que debe hacerse es:
¿Por qué debo iniciar mi negocio en Internet? Le mencionaré
varias razones.

Usted puede vender y distribuir sus productos o servicios alrededor del mundo, llevando su mensaje a millones de personas
con una inversión mínima.

Puede comenzar su negocio sin necesidad de tener grandes
inventarios de productos, sin cuentas a cobrar, sin empleados y
con un presupuesto limitado.

Puede hacer una presentación sin límite de tiempo, en la
que su cliente podrá ver, escuchar o pedir más información
veinticuatro horas al día acerca de su producto o servicio en una
forma rápida y eficaz.

Tendrá una penetración al mercado mundial llegando a millones de prospectos mucho más rápido y con menos costo que
utilizando los sistemas tradicionales de fax, celulares, televisión,
radio, prensa o correo, ofreciendo una buena calidad de servicio.

Reducirá los gastos operacionales, los costos de las llamadas
de larga distancia, viajes, sellos de correo, papel, imprenta, en-
víos aéreos, publicidad y mercadeo.

Si decide iniciar su negocio en Internet, le auguro mucho
éxito y crecimiento. Las personas que están alcanzando el éxito
en este novedoso medio no son necesariamente los más inteli-
gentes, ni tienen más dinero o conocimiento tecnológico; son
los que tomaron una decisión precisa para hacer las cosas bien

desde el principio y sin rendirse bajo ninguna circunstancia. Se atrevieron a estudiar, a preguntar, a practicar y pasaron por alto la posibilidad de fracasar; se concentraron en hacer su meta realidad: iniciar su negocio en Internet.

Los negocios con más éxito en Internet se pueden clasificar en tres categorías.

1. Venta de productos
_____ a) Electrónicos
_____ b) Libros
_____ c) Música
_____ d) Computadoras
_____ e) Artículos del hogar
_____ f) Ropa
_____ g) Joyería
_____ h) Vídeos educativos
_____ i) Bienes raíces
_____ j) Materiales de oficina
_____ k) Regalos, flores y otros

2. Servicios
_____ a) Consultoría de negocios
_____ b) Consultoría en mercadeo
_____ c) Adiestramientos
_____ d) Servicios de contabilidad
_____ e) Servicios de viajes
_____ f) Servicios de renta de equipo
_____ g) Servicios de empleos
_____ h) Consultor en telecomunicaciones
_____ i) Consultor en comunicaciones
_____ j) Venta de información

3. Especialista en Internet
_____ a) Diseñador de páginas web
_____ b) Artista gráfico
_____ c) Programador
_____ d) Adiestramiento en computadoras
_____ e) Consultor, cómo montar su negocio en Internet
_____ f) Consultor, cómo hacer dinero en Internet
_____ g) Publicador electrónico (boletines, revistas y periódicos)
_____ h) Publicidad cibernética

Una vez que decida empezar su negocio en la red, aunque no sea especialista en el tema, busque un consultor. Recuerde que este asunto trae nuevas noticias todos los días y los cambios son permanentes y continuos.

Su primer paso es crear sus páginas en Internet. Defina su propósito, sus metas y objetivos en el negocio. Adquiera una dirección electrónica, lo que se conoce en inglés como «Domain name», que es el lugar donde sus clientes se dirigirán para conocer su(s) producto o servicio(s). Prepare su plan de acción. Realice un estudio de los negocios similares al suyo. Identifique lo que está haciendo la competencia. Cuáles son sus estrategias.

Desarrolle un equipo de trabajo. Incluya personas que tengan conocimiento en Internet, que conozcan la industria o rama comercial, e identifique el mercado que desea atender. Es vital tener personas con conocimientos en programación y que puedan administrar sus páginas, ya que estas requerirán seguimiento y cambios según su negocio vaya creciendo.

Una vez diseñada su página web, necesitará un proveedor comercial que le sirva de enlace con las demás computadoras. También necesitara «ISP», un proveedor local que le conecte de su casa u oficina con la red. Para promover sus páginas de Internet debe registrarse en un directorio electrónico que contenga los millones de «websites» por especialidad o categorías. Esto permite que sus clientes lleguen a usted con facilidad. Es como si pusiera su negocio de Internet en las páginas amarillas.

Esta promoción juega un papel vital en el éxito o fracaso de su negocio. Cuando hablamos de promoción, nos referimos a dar a conocer su empresa con una inversión mínima. Comience promoviendo su dirección en Internet.

Utilice todos los medios disponibles para promover su negocio: tarjetas de presentación, mensajes en el teléfono, cubiertas de fax, páginas amarillas, anuncios de radio, prensa y televisión. No pierda la oportunidad de promoverse en cualquier material escrito que hable de su empresa.

Identifique listas de correo electrónico de prospectos calificados para usar su producto o servicio. Envíe e-mails a todos sus amigos, relacionados, ex compañeros de trabajo o estudio, y hágales saber que tiene su negocio en Internet. Invítelos a visitar su página y que le den su opinión. Existe otra herramienta poderosa que puede ayudarle a comunicarse con muchas personas en una forma económica, y es lo que se conoce como los «newsgroups» o grupos de discusión. Hay aproximadamente unos veinte mil que analizan distintos temas. Si en su rama comercial no existe uno de estos, puede crearlo y comenzar a desarrollarlo hablando de sus productos o servicios.

También existen los centros comerciales cibernéticos. Son muy parecidos a los que uno visita con frecuencia, solo que estos son virtuales. Uno los ve en la pantalla del computador. Puede ordenar el producto con una tarjeta de crédito y recibirlo unos días después. Esta modalidad ha crecido enormemente y se espera que sean millones de personas las que cambien sus hábitos de compra y comiencen a hacerlo en una forma cibernética, sin salir de la comodidad de su hogar o de su oficina.

Para comenzar su negocio en Internet hay que identificar el mercado al que ofrecerá sus productos o servicios. Luego de colocar sus páginas en la red, debe establecer una estrategia para promover su dirección cibernética a través de los periódicos, radio, televisión o del mismo Internet. Su objetivo será lograr un tráfico en sus páginas que permita a sus clientes potenciales que compren sus servicios o productos, que continúen visitándole y refiriéndoles otros compradores potenciales.

Para lograr que sus clientes o prospectos le visiten, es necesario que su negocio electrónico sea conocido y fácil de encontrar. En enero del dos mil uno había veinticinco millones de sitios web registrados. Se estima que para enero del dos mil cinco estarán registradas unas setenta y dos millones de páginas. No es fácil ser conocido ni encontrado a menos que se organice un plan estratégico. Para lograrlo hay que evaluar varios elementos.

Lo primero será hacer que su imagen, credibilidad y marca sean fáciles de reconocer. Si ya tiene un negocio establecido, su marca y prestigio le ayudarán en unos aspectos, y pudieran perjudicarle en otros si su imagen actual no convence al mercado que atiende, por no ser uno moderno, impulsador del cambio, etc.

Si su negocio es nuevo, tendrá que desarrollar su marca. Es importante contratar a un experto en el diseño de su imagen corporativa. Otro punto importante es la selección de la dirección de su sitio web. Nuestra página web es: **www.motivando.com** y debe ser seleccionada con mucho cuidado. Si tiene un nombre o sigla tradicional, úselo. Si es nuevo, piense en algo muy suyo, pero fácil de recordar. Los nombres genéricos como «casa.com», por ejemplo, muy apreciados en un comienzo, han dejado de serlo, porque no se asocian con el prestigio de nadie en particular. No se olvide de agregar su nombre de dominio a todo material impreso de su firma: papelería, tarjetas, folletos, avisos, afiches, etc.

Si cuenta con los recursos económicos y su negocio es suficientemente grande, establezca una campaña publicitaria en los medios tradicionales, en Internet, mediante «banners» o anuncios en sitios de mucho tráfico. Si es parte de un negocio tradicional, avise a sus clientes en forma directa la apertura de sus operaciones en línea. Desarrolle un folleto y envíelo por correo tradicional a una lista adecuada de clientes potenciales como las compañías de relaciones públicas. Usted es líder en un proceso de modernización del comercio y la economía. Participe en exposiciones, convenciones, reuniones de negocios y profesionales.

Para lograr que sea fácil ubicar sus páginas en Internet, recurra a los servicios de un consultor con experiencia en esta labor. La inscripción en buscadores es gratuita, pues esas organizaciones están interesadas en tener la mayor cantidad de sitios inscritos. Sin embargo su trabajo es ser persistente, y requiere que se familiarice con los aspectos técnicos del proceso de búsqueda en Internet. Revise sistemáticamente los directorios y guías existentes de los web especializados en su rama comercial.

Visite los centros comerciales virtuales. Estos son webs que tienen un alto tráfico a los cuales puede afiliar su página. Establezca alianzas y convenios con negocios que tengan sitios en la red. Propónganles unir fuerzas. Identifique a los fabricantes de su línea de productos, proveedores y asociados. Hábleles de la oportunidad de unirse para mercadear estas líneas.

Su punto de venta electrónico es el portador de su imagen corporativa en la web. Es el campo de batalla de su negocio. Es una campaña de mercadeo permanente. Todos los días debe ser evaluado y mejorado. Puede hacer promociones publicitadas en los medios tradicionales. Puede crear y enviar cupones de descuento por correo electrónico. Puede dar descuentos a grupos o asociaciones. Ciertos diseños sofisticados para comercio electrónico permiten hacer promociones muy dinámicas en el propio sitio web.

El mercadeo de su negocio en Internet es uno «a distancia». Usted no trata los clientes personalmente. Todo lo que puede hacer para mejorar sus ventas es pulir sus herramientas y ejecutar acciones que provoquen comportamientos favorables entre esa población dispersa que constituye su «clientela virtual» en favor de su negocio. Aprenda a administrar las relaciones surgidas a través de los recursos tecnológicos.

El objetivo de esta tecnología es tratar en forma individual a a cada cliente. La pretensión es nada menos que ¡capacitar a un robot!, la computadora, frente a la persona que lo utiliza. Estamos hablando de una tecnología en evolución. Probablemente no la aplique a su negocio, pues se requieren recursos importantes, pero es conveniente saber hacia dónde van las cosas. La idea es poderosa y usted puede aplicar un tratamiento diferenciado, sino individualmente, al menos por segmentos de su mercado. Emplee este enfoque desde el momento que decida lo que pondrá en su página, y mantenga esta forma de pensar durante todo el diseño de su proyecto.

Mercadeo directo por correo electrónico es un mecanismo excelente, aunque difícil de dominar. Tenga en cuenta que en los Estados Unidos hay reglas muy severas contra la práctica de enviar a personas extrañas, correos electrónicos no solicitados. Desde el punto de vista tecnológico, los desafíos son grandes: los correos de ida y vuelta deben ser controlados.

La infraestructura, el diseño y sus bases de datos no son cosa sencilla. De cualquier forma, así como en el caso anterior, usted debe utilizar esta herramienta a un nivel más sencillo para promocionar sus nuevos productos y anunciar sus ofertas especiales.

Puede vender productos, servicios tradicionales o novedosos y específicos de Internet. Si tiene en mente muchos de ellos, piense en los que más potencial tienen y deseche los demás. Usted necesita concentrarse en pocos objetivos para que su negocio tenga éxito. No se diversifique demasiado.

Pregúntese: *¿Qué quiere lograr con su página web?* Esto es lo que respondieron otras personas:

- Obtener muchos visitantes de diversos lugares geográficos

- Que hagan contacto conmigo o con mis vendedores

- Que inviten a otros a mirar mis páginas

- Que deseen comprar mis productos

- Que pongan sus pedidos de una vez en Internet

- Que puedan resolver asuntos de servicio directamente en Internet

- Que mis visitantes aporten información utilizable para mercadeo

- Que me den información para mejorar

Sí, está bien pero... de todas formas ¿qué pongo en mi página? ¿Cómo usa la gente las páginas web? ¿Para qué las emplean? Estas son algunas de las respuestas frecuentes:

- Para averiguar cosas

- Para curiosear

- Para entretenerse

- Para comunicarse

- Para solicitar servicios

- Para comprar

- Para negociar

Casi nadie responde: «Para conocer su empresa». Todos están muy ocupados en sus propios objetivos. No les interesan los del cliente; a no ser que encajen como anillo al dedo con los de ellos. Lo mejor entonces es que diseñe sus páginas para los objetivos de los clientes y ofrecerlas como una posible solución.

Desde luego, usted no puede satisfacer todos los objetivos imaginables de los demás, pero tiene un segmento de sus clientes o usuarios, divididos en grupos significativos, con gustos y necesidades análogas. Ese grupo es su carta de navegación.

Haga una lista de sus segmentos de mercado y de todos los temas que deba y pueda publicar en su página web. Crúcelas. En cada cruce imagine al cliente del segmento mirando su página. Escriba ahí, en esa casilla, cómo debe tratarse ese tema en particular para ese segmento. Ese tema... ¿sirve para lograr sus objetivos? ¿Es útil para los objetivos de su visitante? ¿Habrá alguna forma de tratar este tema para asegurar su éxito?

Repase ahora cada segmento para ver las cosas de mayor interés para él y que no figuren en los temas de su plan inicial. Piense si debe incluirlo de inmediato o si queda para una etapa siguiente de su proyecto. Concluya lo importante que resulta cada tema y cómo se van a tratar; y si su página web debe tener un matiz diferente para cada segmento de su mercado, imaginando cómo navegaría una persona típica en cada rubro. Póngase en los zapatos del visitante. Piense ¿qué ganó esa persona visitando mi página? Piense si puede darle algo más, un regalo, un recordatorio. Escriba sus conclusiones. ¡Ya tiene un mapa del contenido de su sitio web! Está a un paso de diseñar la estructura de su página. Esta es el fundamento del diseño gráfico y de la selección de los elementos tecnológicos requeridos para establecerla. Ahora que sabe lo que va a poner en su sitio web, su tarea es darle una forma interesante y clara.

Los productos tradicionales, sean bienes o servicios, deben ser analizados de nuevo cuando se quieren vender en Internet. Piense, no solo en los productos, sino también a quiénes les va a vender. ¿Qué valor agregado recibirán esos clientes «virtuales»?

Casi todas las variables de sus productos podrían cambiar: su empaque, tamaño, unidad de venta, garantía, despacho y entrega, forma de pago, compromisos de mantenimiento y servicio; inclusive el precio. ¿Serán estos iguales, mayores o menores a los de los canales tradicionales? ¿A los costos de envío? ¿De entrega? ¿Con el mismo dinero?

Imagine sus productos o servicios en la pantalla del computador. Sus clientes los verán allí, y con esa información los evaluarán, comprarán, pedirán apoyo, reclamarán, harán valer la garantía. ¿Se ven bien? Es posible que sus productos deban ser rediseñados o que descubra otros nuevos o quizás subproductos más adecuados para Internet. Es un proceso de creatividad desde el momento que comienza su negocio. Usted puede inventar el producto. Inclusive, aun cuando sea tradicional, debe reinventarlo. Ahora, piense esto: Tendrá que publicar, en Internet, toda la información de sus productos (precios, especificaciones, disponibilidad, condiciones de entrega, garantía, servicio, formas de pago). ¿Está dispuesto? Es más, se está volviendo usual en Internet publicar las opiniones, favorables y desfavorables, de los clientes. Estas opiniones, en cierto sentido, comienzan a formar parte de su producto. ¿Está dispuesto?

Por otra parte, su sitio web, sus procesos logísticos, y su metodología de respuesta al cliente forman parte de su producto. Esos aspectos tienen mucho peso en la decisión de compra del consumidor. ¿Tiene su negocio la calidad de diseño en sus procesos, la solidez tecnológica y la fortaleza organizacional que se requiere?

Si usted no es experto en diseño de organizaciones, necesitará asesoría profesional en este aspecto. Pero asegúrese de que sus asesores tienen experiencia y comprenden las características de la actividad económica en Internet. La mayoría de las organizaciones se diseñan por analogía con las existentes. Las empresas nacientes y pequeñas se benefician del estudio de las grandes estructuras organizacionales. Esto no puede hacerse para los negocios en Internet. No hay soluciones estables para copiar. Hay que crearlas. Su nueva organización debe diseñarse en torno a los centros nerviosos de su negocio (el punto de venta, el mercadeo y la logística). Una vez resuelto esto, agréguele las áreas requeridas para un buen desempeño administrativo. El punto de venta es el resultado más visible de la creatividad y la capacidad tecnológica de su empresa. Su organización debe ser fuerte en este campo. Esta área requiere comunicadores, diseñadores gráficos, ingenieros de sistemas y personas expertas en otros temas, según las características de su negocio. Según el tamaño de su iniciativa, podría necesitar un área especializada solamente en investigación tecnológica.

El área de mercadeo concentra a los estrategas y analistas en la evolución del negocio. Muchas personas pertenecen a las dos áreas. Analizan la competencia, segmentan el mercado, observan su ritmo de crecimiento, plantean las modificaciones del punto de venta, las campañas de mercadeo directo, las publicitarias, las promociones. Asimismo definen las reglas de servicio al cliente, evalúan el sitio web, el desempeño de la logística y su impacto sobre el mercado. El área de operaciones administrativas coordina la atención al cliente y los procesos operativos; sean realizados por su empresa o en alianzas con otras.

La cúpula de esta organización es usted y sus colaboradores, que participan en el diseño de la estrategia general del negocio, sus finanzas, sus relaciones públicas, su publicidad, sus aspectos legales y administrativos. En todo esto, el perfil profesional requerido para montar su negocio en Internet tiene nuevas características. Las habilidades necesarias son recientes y la oferta es escasa. No conseguirá empleados a bajo costo para las funciones más importantes. Es posible que deba utilizar consultores independientes, personas conscientes del valor de sus conocimientos, que asesoran varias empresas. Es posible que muchos de ellos trabajen desde sus casas u oficinas propias. No se preocupe porque no tengan oficinas formales, lo importante son los resultados finales.

La administración de una organización descentralizada es un nuevo desafío, así como lo es la de contratistas independientes que manejan procesos críticos de su cadena de valor hacia el cliente. Si usted ya tiene un negocio y lo está transformando en uno de Internet, tenga en cuenta que su gente desempeñará nuevas funciones; requerirá nuevas habilidades y se administrará en una forma diferente. ¿Cuáles son esas funciones y habilidades? Un ejemplo simple lo ilustra: los reclamos de clientes llegarán por correo electrónico. ¿Está capacitado el personal de su empresa encargado de los reclamos para contestar correos electrónicos? El director del departamento de servicio al cliente ¿está capacitado para dirigir y supervisar un proceso de servicio por correo electrónico con enlace a una firma externa que hace los cambios y reparaciones solicitados por el cliente? En las áreas de mercadeo el impacto es aun mayor. Toda el área de diseño y desarrollo del sitio web será nueva. Deberá también reanalizar los valores que inspiran su organización actual.

La naturaleza de Internet exigirá nuevas actitudes que impulsen comportamientos diferentes. Hemos llegado al fondo del análisis de su nuevo negocio. Ahora puede escribir su plan a seguir. Debe pensar qué va a poner en su página web.

La logística de su negocio es una manera de referirse a todas las actividades operativas que su organización debe hacer, como consecuencia del éxito de su proyecto comercial electrónico:

Algunas de estas actividades son:

- Mantener inventarios

- Empacar

- Transportar

- Entregar

- Recaudar el pago

- Atender reclamos y devoluciones

- Atender solicitudes de información, apoyo, garantía y servicio

- Responder comunicaciones de los clientes

Las soluciones de suministro «outsourcing» o externos y otros como seguros, aspectos tributarios, legales, comercio internacional, también pertenecen a esta faceta de su proyecto electrónico y el proceso de servicio al cliente.

Se trata del diseño de su cadena de suministro bajo la logística de Internet como canal de distribución. Su competitividad en este medio depende de la eficacia en todos sus procesos. La confiabilidad en esto es lo que construye la confianza de sus clientes. Por otra parte, su plan empresarial no será confiable si no tiene una idea muy clara de su logística y los recursos que requiere.

Las transacciones en Internet imponen la creación de cadenas cooperativas entre diferentes empresas. Supongamos por un momento que se trata de mercancías físicas. Usted tiene el punto de venta en Internet, pero carece de la estructura de distribución. Tendrá que trabajar con un distribuidor adecuado. Quizás usted no fabrica su mercancía; entonces tiene que aliarse con los fabricantes. Tal vez no maneje el empaque; una firma aliada lo hará. Otra hará la entrega. Otra atenderá la central telefónica de servicio al cliente. En efecto, su papel es ser líder de un negocio en Internet. Será el inventor, el director, el que lo define y orienta. Cada función puede tener un ejecutor más idóneo que usted, pero es a usted a quien le corresponde armar el rompecabezas. Usted es el líder, el estratega. El uso de servicios externos bajo diversas modalidades plantea el problema de la responsabilidad frente a su cliente. Cualquier falla logística normalmente desvirtúa la oferta de su sitio web, en la cual el cliente ya había depositado su confianza. La reacción suele ser violenta. La falla se pudo cometer en el subproceso que maneja uno de sus aliados o contratistas. ¿Cómo debe actuar? No hay reglas.

Los negocios más importantes en Internet que actualmente venden productos a precios módicos (libros, discos, etc.), están reenviando los artículos que el cliente dice no haber recibido en perfecto estado, sin demora, sin preguntas. Ellos incurren en el costo de esta garantía implícita frente al comprador. Negocios que manejan artículos de valores unitarios mayores, deben tomar ciertas precauciones (cláusulas especiales en los contratos con sus proveedores de servicios y protección de estos riesgos) pero, sobre todo, asegúrese de que sus asociados valoran el proyecto tanto como usted. Para ellos también es estratégico triunfar en Internet. En este sentido, será mejor que se asocie con organizaciones fuerte, que presten ese tipo de servicios a varios proyectos de comercio electrónico, no solo a usted.

Necesitará asesoría para el diseño de su logística. El flujo de la cadena de suministro debe acercarse al ideal del «justo a tiempo», para ser económicamente eficaz. Si su proyecto es la continuación de uno tradicional existente, prepárese para una reingeniería a fondo y un plan de transición, aplicable a medida que el canal de Internet tome fuerza dentro de su negocio.

Si su proyecto es nuevo, diseñe los procesos de la forma más cuidadosa posible antes de comenzar y prepárese para ajustar y revisar su diseño cada cierto tiempo. Ahora, diseñar es la parte sencilla. El verdadero desafío es crear la organización capaz de manejar su negocio en Internet.

Su sitio web no es un folleto. Es un robot. Él solo atiende a clientes. Les habla y los escucha. Los orienta. Los entusiasma. Destaca las ventajas de sus productos; los muestra una y otra vez. Vence su resistencia. Les vende, les cobra, les promete que estará disponible en veinticuatro horas, en siete días o en un mes para su ayuda inmediata en caso de cualquier problema, etc. Su robot contiene la sabiduría de un local físico; la de un vendedor y de la casa matriz. Como todo genio, lo más importante es que sea eficaz y especial, ya que interactúa con seres humanos.

Debe estar diseñado y programado para todo imprevisto que se presente en esta interacción. ¿Cuáles son esos imprevistos? ¡Todos las que pueda imaginar! Estamos hablando de seres humanos ¿no? Y estamos hablando de ventas, una actividad compleja. El diseño y el manejo de medios de pagos en la web responden a criterios especiales, diferentes a los de otros medios. Los usuarios de Internet visitan muchas páginas además de la suya. Adquieren costumbres y extraen de allí sus parámetros de comparación. Su sitio web compite en imagen y efectividad con sitios de talla mundial, aunque su proyecto tenga un alcance local. Cualquier error de diseño se traducirá en clientes perdidos. Sería interesante que visitara sitios de competidores posibles, nacionales o extranjeros, y tome algunas ideas. Deben tener la personalidad y estilo de su dueño (atender al cliente como él [o ella] lo haría). Por eso el diseño es un trabajo conjunto con diseñadores profesionales. Lo primero que debe diseñar es la experiencia del cliente (la que vivirá al interactuar con su web). Dónde comienza, qué recorrido hace y dónde termina la visita del cliente. Esto determina cómo funcionará su página en términos generales. Sus diseñadores lo orientarán en esta labor. Ellos saben que los visitantes de sitios web los usan muchas veces de manera inesperada para el que los hizo, y saben lo que funciona bien, y lo que no. Debe operar rápido y su utilización debe ser obvia para el usuario (nadie está dispuesto a estudiar instrucciones especiales). Esto responde a lo que las investigaciones con usuarios de Internet han demostrado (lo que las personas más desean es que las páginas bajen rápido, que la información sea útil y que el sitio sea fácil de usar). Si su sitio no cumple estas condiciones, el visitante se va y perdió un posible cliente.

El diseño gráfico es importante en dos sentidos. Por una parte, como presentación, como imagen. Por la otra, como elemento útil, para orientar al usuario. La presentación gráfica debe estar a la altura de su firma y de sus productos. La navegación del sitio; la visualización de sus productos y la lectura de las informaciones debe ser sencilla y agradable. Ganará muchos clientes con un diseño gráfico de buena calidad. No arriesgue la imagen de su negocio. El verdadero cliente «virtual», lo único que conoce de usted es su sitio web.

Deberá estar dotada de la tecnología adecuada para administrar todo ese proceso sin fallar. La infraestructura de un sitio web comercial es muy exigente. Debe tener las dimensiones adecuadas para los momentos de más alta congestión, si no quiere que se derrumbe cuando más ingresos le pudieran generar, con el riesgo de perder muchos clientes. Para esto hay soluciones flexibles en el mercado. Asegúrese de que la infraestructura de su sitio web la determine un especialista en la materia.

Un asunto importante en Internet es generar confianza en las transacciones monetarias. Necesitará un servidor dotado de condiciones de seguridad. Explíqueles bien a sus clientes la forma de usarlo y la seguridad del mismo. Pero el diseño y desarrollo de su sitio web es apenas el comienzo de una historia. El éxito de su proyecto exige seguimiento y trabajar en su página permanentemente. En primer lugar, es imposible concebir todo lo que necesitará en una fase de diseño. El seguimiento irá mostrando las cosas que funcionan y las que no. La experiencia irá señalando qué cosas son necesarias, deseables o dignas de experimentar. Los grandes sitios realizan pruebas de laboratorio y consultan muestras de sus usuarios antes de tomar decisiones de rediseño. Un sitio web es como un programa de radio, una revista, un programa de televisión. Nunca está terminado, siempre requiere ideas frescas, desarrollos adicionales; cambios. Es lo que le dará vida a su proyecto.

Su diseño debe ser evaluado permanentemente. Es necesario saber qué elementos tienen éxito y cuáles no, para rediseñar en consecuencia. Se piensa inmediatamente en los «contadores de visitas», pero esta herramienta requiere criterio para su interpretación y análisis. Se ha impuesto, que una «visita» al web equivale a la solicitud que alguien haya hecho de la página. Unas muestran menos visitas que otras. ¿Significa esto que las de menos visitas tienen menos «éxito» que las más visitadas, y que deben quitarse o rediseñarse? No necesariamente. La visita a una página en particular depende, no solo de su contenido, sino de la posibilidad de encontrarla.

Los menús de navegación, el buscador interno, podrían ser culpables de la falla. La visita a una página puede ser satisfactoria o insatisfactoria para el visitante. Esto no se mide en los contadores. Debe tomarse en cuenta a dónde se dirige, el tema de la página y el tamaño del segmento del cliente. Hay indicadores más importantes. ¿Cuántos correos electrónicos le ha reportado su página web en un período específico? ¿Cuántas operaciones se han realizado? ¿Cuántos clientes ha registrado su base de datos? El robot solo no hará el milagro. Usted necesita saber cómo va a recaudar sus ingresos y contar con el apoyo de una sólida estrategia de mercadeo.

Una de las cosas que ha afectado a Internet cada vez más es la velocidad de la circulación del dinero, debido al comercio electrónico; esto requiere un sólido sistema de medios de pago vía Internet. Este sistema ya forma parte de la infraestructura económica nacional. Ponerlo en pie es cuestión de supervivencia. No podemos dejarnos frenar por temores y alarmas o por desidia. Tenemos que lograrlo.

El sistema actual americano, basado en el protocolo de comunicación (Secure Sockets Layer) centra el riesgo y la responsabilidad de las operaciones en el comerciante. El sistema propuesto por Visa y MasterCard, denominado Secure Electronic Transactions, se basa en certificados digitales, administrados por entidades especializadas para establecer un control absoluto de todas las operaciones monetarias en Internet.

Me contenta saber las grandes posibilidades que existen para que desarrolle su negocio electrónico. Si desea conseguir más información y ayuda envíenos un e-mail a: **hispanicnt@bigplanet.com**

o escríbanos a:

Motivando a Nuestra Gente
P.O. Box 617221
Orlando, FL 32861-7221
o envíe un fax al: 407-578-5827 en EE.UU.

Capítulo 10

TRIUNFE CON SU NEGOCIO PROPIO

Comience a desarrollar su negocio, una aventura que disfrutará y marcará su destino. Los tiempos que vivimos están llenos de oportunidades para los que se atreven a soñar y a visualizar exactamente el tipo de negocio que desean. Si hubiera nacido en mil novecientos uno, su vida habría sido muy distinta; aunque en ese momento se comenzaba a desarrollar la plataforma para producir el cambio de una economía agrícola a otra industrializada. Hoy estamos frente a varias revoluciones a la vez, siendo la tecnológica una de las más importantes. El Internet se posiciona como un instrumento poderoso, que se convierte en una autopista para la distribución de productos y servicios en una forma rápida, económica y eficaz. Las barreras entre los países desaparecen, ofreciendo la oportunidad de establecer su negocio con alcance mundial sin requerir grandes inversiones. Las oportunidades que tenemos en este nuevo siglo nunca antes se presentaron. Personalmente, siento como si estuviera listo para emprender un viaje alrededor del planeta, en el que el capitán exige que nos pongamos el cinturón, porque la nave va a despegar.

Comparemos el comienzo del siglo XX y el del XXI.

Estilo de vida	Año 1901	Año 2001
1. Medio de transporte	Caballo	Automotor
2. Vivienda	Madera/paja	Cemento
3. Comunicación	Correo	Electrónica
4. Acondicionamiento del aire	Fogata	Calefacción
5. Preparación de alimentos	Leña	Estufas
6. Viajes trasatlánticos	Barcos	Superjets
7. Escritura	Plumas de aves	Lápiz
8. Correspondencia	A caballo	Facsímil
9. Iluminación	A gas	Bombillas
10. Gobiernos	Feudal	Democracia
11. Protección de alimentos	Especies	Refrigerador
12. Cocinar alimentos	Fogón	Microonda
13. Carreteras	De tierras	Autopistas
14. Almacén de información	Papeles	Computadora
15. Revelado de fotos	Semanas	Segundos
16. Velocidad de movimiento	10 kilómetros	500 kph
17. Entretenimiento	Cantinas	Televisión
18. Ingresos anuales	$100.00	$25,000.00
19. Oportunidades de negocios	Muy pocas	Muchas/EE.UU
20. Información mundial	Poca	Abundante

Como puede ver, en los últimos cien años sucedieron más cambios que en los mil novecientos anteriores, y en los próximos veinte años habrá mucho más que en los cien anteriores. Esto abre las puertas para identificar nuevas oportunidades y ofrecer nuevos servicios y productos a costos más accesibles.

Usted puede tener éxito al instalar su negocio. Antes de hacerlo, piense primero qué tipo de empresa puede ser útil a su mercado. Tengo muchas experiencias que me confirman, que cuando uno desea algo y trabaja para lograrlo, lo alcanza. Recuerdo que a los doce años inicié mi propio negocio vendiendo zapatos por catálogo. Conseguí una revista llamada «Oportunidades de Negocio», en la que había un anuncio de una fábrica de zapatos llamada Masson Shoes. Tenían más de cien pares de zapatos de diversos tipos. Cuando recibí el catálogo me atreví a promoverlo con mucho entusiasmo entre ejecutivos, hombres de negocio y profesionales. Imagínese a un niño de doce años visitando al administrador de la Central de Caña, La Plata, de San Sebastián (Puerto Rico). Ese día realicé mi primera venta, y vendí dos pares de zapatos, convirtiéndome de esa forma en un empresario muy joven. Hoy existen más oportunidades que hace treinta años. Comience ya a estudiar nuevos negocios; a analizar información; a plantearles su interés a los que le puedan ayudar y aléjese de aquellos que puedan robarle sus sueños.

A continuación encontrará una evaluación personal que le ayudará a definir si cuenta con los requisitos para tener éxito en su negocio. Si el resultado no es sobresaliente, entonces prepárese antes de comenzar.

Marque la oración que le describa:

___1. Me considero una persona con iniciativa

___2. Sé asumir responsabilidades

___3. Planifico con anticipación lo que voy hacer

___4. Me gusta ayudar a la gente

___5. Alcanzo las metas que me propongo

___6. Tengo capacidad para persuadir a otros

___7. Sé identificar las necesidades de las personas

___8. Me gusta trabajar

___9. Tomo decisiones con rapidez

___10. Soy perseverante

___11. Tengo una buena salud

___12. La gente confía en mí

___13. Tengo buen crédito

___14. Estoy comprometido en desarrollar mi negocio

___15. Creo en mi potencial y en las capacidades que Dios me dio

Después de completar esta evaluación, hay que identificar en qué áreas es fuerte y en cuáles debe mejorar. Eso le ayudará a saber en qué debe prepararse más y mejor, para garantizar el éxito del negocio.

Si ha soñado en desarrollar su empresa, empiece con una visión y seleccione el tipo de negocio que quiere comenzar. Anualmente, más de setecientas cincuenta mil personas en los Estados Unidos inician su empresa. Hoy existen más de veinticinco millones de negocios establecidos en esta nación, hombres que empezaron con un deseo genuino de ofrecer un servicio o un producto al mercado y de alcanzar el éxito.

La tarea no será fácil, ya que la competencia aumenta cada día. El setenta por ciento de los negocios que comiencen este año, no durarán más de un lustro. Anualmente más de sesenta y cinco mil pequeños negocios quiebran en los Estados Unidos; eso significa que tenemos que prepararnos para no ser parte de esas estadísticas. Para lograrlo hay que ser flexibles ante los cambios, tener un espíritu de lucha, asumir responsabilidad con el futuro del negocio, buscar ayuda profesional y ser perseverantes; sin rendirse. Su actitud determinará los resultados que alcance. Pregúntese: ¿Por qué cree que tendrá éxito? Pudiera ser por su carácter, su perseverancia, sus experiencias anteriores, por la calidad de ideas que establece para lograrlo, por las estrategias y objetivos bien definidos, o porque cuenta con los recursos económicos para invertir.

La pregunta sería: ¿Por qué fracasan tantos negocios en los primeros cinco años?

1. No tienen expectativas realistas
2. Carecen de un plan de negocio eficaz
3. Asumen una actitud negativa
4. Desconocen su potencial
5. Eligen mal a sus socios
6. Falta de experiencia empresarial
7. Capital pobre
8. Gastan más dinero del que producen
9. Mala ubicación del negocio
10. No perseveran

Por experiencia propia, creo que el compromiso que asumamos determinará nuestro éxito.

Existen ciertas características básicas necesarias para lograrlo

1. Saber identificar las oportunidades, las nuevas ideas, los nuevos métodos de hacer las cosas, así como satisfacer las necesidades de sus clientes en una forma eficaz y eficiente.

2. Poseer la confianza para dar a conocer su negocio, proyectarlo y modelarlo a los proveedores, clientes y asociados, asumiendo el compromiso de servirles bien.

Esta confianza se convierte en un elemento contagioso que transmite la seguridad y la firmeza de que va por buen camino y que sabe lo que quiere.

3. La flexibilidad ante los cambios hace que sus planes puedan cambiar, deban cambiar y cambien. Vivimos en tiempos de cambios; es lo único que tenemos garantizado. Es importante adaptarse a ellos, pero más importante aun, es saber anticiparse y sacarles provecho.

4. Concéntrese en trabajar duro. El éxito es un proceso que está en constante construcción. Es el resultado de los planes que estableció y de las decisiones que tomó en el pasado. Concentrarse es poner toda su atención, sus experiencias, sus conocimientos y habilidades en lograr buenos resultados. A veces trabaja duro y no lo consigue. Recuerde que hay proyectos que se adelantan mientras otros se atrasan, pero si se mantiene concentrado y se esfuerza, tendrá mayores posibilidades de alcanzar el éxito.

5. Mejore cada día aumentando sus ventas. Los negocios logran crecer cuando sus clientes compran sus ideas o productos. Constantemente los dueños de estos negocios piensan en la manera de mejorar el servicio o los productos que proveen. Desarrolle un equipo de trabajo que le permita alcanzar sus metas y manténgase unido a ellos, empeñados en crecer juntos.

Para comenzar un negocio debemos tener una idea o concepto, que más tarde se convertirá en un producto o servicio que va a satisfacer ciertas necesidades del cliente, ofreciendo beneficios o ventajas sobre la competencia. Estas ideas pueden surgir de los amigos; de experiencias en su trabajo; de observar el mercado. Cuando estudiaba en la universidad, por ejemplo, todos los días me preguntaba: ¿Qué puedo hacer para comenzar un nuevo negocio?, ya que los zapatos Masson eran muy costosos para la población universitaria.

Conversaba una tarde con un gran amigo, y me habló sobre el gran negocio que sería el servicio de fumigación. De inmediato comencé a estudiar esa idea, a analizar lo que hacía la competencia. Realicé un estudio basándome en entrevistas hechas a los consumidores potenciales sobre su interés en eliminar los insectos en sus casas a un precio módico. Al mes siguiente, compré el equipo de fumigación, los ingredientes químicos que requería y diseñé un formato del contrato y de la tarjeta de registro de servicio. En ese momento ya había conseguido la firma de cuarenta clientes para mi nuevo negocio, el que sería: fumigar sus casas todos los meses, cobrándoles diez dólares de depósito y cinco cada mes, que hacía un total de sesenta y cinco dólares anuales, con la garantía de hacerlo de nuevo sin costo adicional, si fuera necesario. Recibí cuatrocientos dólares de depósito de esos clientes, lo que me ayudó a comenzar mi negocio, produciéndome unos doscientos dólares mensuales, que me ayudaban a cubrir mis gastos, tanto universitarios como del negocio.

Muchas veces comento con mis amigos, que gracias a los insectos pude cubrir mis gastos universitarios. Ya graduado, le transferí mi negocio a mi hermano Vary, para que continuara prestándoles servicios a mis clientes, alcanzando él también mucho éxito.

Para ayudarle a clarificar sus pensamientos y ubicarlo en sus ideas, y para que pueda evaluar su potencial de éxito, deseo ofrecerle un cuestionario que le servirá para clarificar su visión.

1. ¿Logrará satisfacer su producto o servicio una necesidad?
   Sí ____ No ____
2. ¿Hay mercado para su producto?
   Sí ____ No ____
3. ¿Ofrecerá ventajas y beneficios sobre su competidor?
   Sí ____ No ____
4. ¿Es factible su producción?
   Si ____ No ____
5. ¿Cuenta con los recursos para desarrollar su producto?
   Sí ____ No ____
6. ¿Está disponible la materia prima?
   Sí ____ No ____
7. ¿Puede proteger su producto con una patente?
   Sí ____ No ____
8. ¿Tiene los recursos para ofrecer un buen servicio?
   Sí ____ No ____
9. ¿Es legal su producto?
   Sí ____ No ____
10. ¿Se puede expandir su negocio en un futuro?
    Sí ____ No____

Una vez realizada esta evaluación, comience una investigación con sus proveedores, consultores y clientes potenciales. Visite la biblioteca o conéctese a Internet y busque información acerca de las características del producto y quiénes son los proveedores.

¿Qué hace su competidor para tener éxito?

¿Cuáles son las tendencias de su industria en los próximos años?

¿Cuáles son las características del consumidor?

¿Qué asociaciones reúne a los líderes y expertos de ese sector?

¿Qué problemas enfrenta hoy la industria?

¿Qué requisitos establece el gobierno para desarrollar su negocio?

Después de este análisis, debe conocer quiénes serían sus clientes potenciales; después de todo, si no sabe a quién le va a vender, nunca alcanzará el éxito.

Las preguntas obligatorias son:

¿Por qué a su cliente le interesará comprar su producto?

¿Qué le ofrecerá, que su competidor no pueda ofrecer?

¿Qué no le agrada a su futuro cliente en cuanto al servicio o producto que recibe de su competidor?

Eso quiere decir que montar un negocio es un proceso que requiere análisis, investigación, estudio de necesidades y pruebas de mercadeo que garanticen la inversión de tiempo, dinero y conocimientos.

Los resultados dependen de usted. La visión que establezca de su negocio garantizará su desarrollo. Esta se alimenta de los valores, las creencias y disciplina que implemente para desarrollar su compromiso, y lograr enfrentar los retos que se avecinan.

Las empresas de hoy están en proceso de transformación continuo; los cambios económicos, políticos y legales llevan a los dueños de negocios a estar atentos, enfrentándose a ellos con una actitud de ganadores. La globalización de los mercados genera una competencia que les motiva a estar al día, identificando como pueden ser más efectivos y más productivos. Es su responsabilidad desarrollar una visión de su negocio. Diseñe un plan para lograr las metas propuestas y asuma su responsabilidad para administrar los cambios. En este capítulo le hemos ofrecido una guía para que revise sus áreas fuertes y las débiles. Establezca los cambios que debe realizar en su negocio. Hágalo, eso le ayudará a garantizar su éxito.

Una de las situaciones que más afecta a la gente que desea establecer su propio negocio es la resistencia al cambio. Esta produce miedo, tensión, conflictos, incertidumbre, ambigüedad, inseguridad y debilita la energía de su grupo laboral. Identifique las creencias que impiden hacerlo y tome las decisiones para comenzar a efectuarlos. Sepa administrarlos. Entienda por qué se deben hacer. Analícelos desde las perspectivas y objetivos de su empresa. Desarrolle las estrategias adecuadas para ponerlos en práctica. Prevenga los obstáculos que puedan impedir efectuarlos.

Siempre es interesante analizar las consecuencias de no implementar cambios. Usted puede tener éxito, pero para lograrlo debe establecer un plan de acción a fin de alcanzar sus metas. Concéntrese en lo que quiere realizar; visualice con exactitud cuáles son los resultados que desea conseguir. Asocie el sentimiento de felicidad a sus metas. Trabaje todos los días para realizarlas y no se rinda. Siempre recuerdo al Señor Walt Disney. Fue un hombre perseverante; a pesar de las adversidades no se rindió. Es reconocido hoy como un genio en el campo del entretenimiento, sin embargo lo despidieron de un periódico a los veintitrés años, porque lo acusaban de no ser creativo. Su empresa es reconocida por sus éxitos económicos, pero él tuvo que declararse en quiebra varias veces antes de conseguir el financiamiento de su primer parque. Visitó más de trescientos cincuenta bancos, buscando financiamiento para su proyecto, y todos le negaban el dinero. El banco número trescientos cincuenta y uno se lo aprobó. Este señor tenía un compromiso con su visión, tenía confianza y fe en lo que quería hacer y no se rindió. Su perseverancia le impedía rendirse.

Usted puede tener éxito, pero tendrá que enfrentarse a grandes retos. Esos desafíos serán:

- Trabajar en una forma innovadora y creativa

- Crear un equipo de trabajo ganador

- Saber distinguir entre la realidad y las ilusiones

- Tratar con sus estados emocionales

- Saber escoger entre lo bueno y lo mejor

- Lograr un equilibrio entre su vida personal y profesional

- Establecer y seguir la visión de su negocio

- Saber lidiar con las barreras para lograr las metas

Si acepta el reto, aumentará su productividad, mejorará las relaciones personales y aprenderá a administrar los cambios. También desarrollará confianza en su gente y se convertirá en un modelo, creando la plataforma ideal para alcanzar el éxito.

Si no lo acepta, sus resultados le restarán entusiasmo y le quitarán fuerza. Al no aumentar su productividad la frustración le controlará, dañando así las relaciones personales e incrementando los conflictos. Al no alcanzar las metas establecidas y no contar con la confianza de su gente, se sentirá solo, abatido y deprimido y esto le impedirá crecer.

Usted cuenta con los recursos para alcanzar el éxito

1. **Tiempo:** Cuenta con ciento sesenta y ocho horas semanales, con ocho mil setecientos treinta y seis horas al año y con ciento setenta y cuatro mil setecientos veinte horas para los próximos veinte años. Invierta este tiempo haciendo cosas productivas y le garantizo que esos años serán diferentes a los veinte anteriores. Ponga precio a sus horas y estas le ayudarán aumentar sus ingresos.

2. **Valores:** Son las cosas valiosas que le dan fuerza, que le inspiran, le motivan y le levantan el espíritu para seguir luchando sin importar las adversidades. Son las fuerzas que le mueven (su familia, su país, su relación personal con Dios, su calidad de vida, sus sueños y sus metas).

3. **Vitalidad:** Su energía, creatividad, entusiasmo, salud, espiritualidad, son recursos que producen fuerza, que le permiten convertir lo invisible en visible, lo difícil en fácil y lo imposible en posible. Que mientras otras personas hablan de problemas, usted habla de soluciones; mientras otros hablan de adversidades, usted habla de las oportunidades que le rodean; mientras otros comentan lo difícil que están las cosas, usted dice: «Para el que cree, todo es posible».

4. **Propósito:** Es saber que deseamos montar nuestra propia empresa y desarrollar una carrera exitosa en los negocios; que tenemos los talentos, los conocimientos, las habilidades y la confianza de que podemos ser útiles a la gente, ayudándoles a satisfacer sus necesidades, confiados de que superaremos sus expectativas y que se convertirán en nuestros mejores promotores.

5. **Mercado:** Existen millones de personas que están solicitando ayuda para lograr satisfacer sus necesidades. Los adelantos tecnológicos nos permiten comunicar nuestro mensaje en una forma rápida, eficaz y económica, logrando que nuestro negocio sea próspero y exitoso.

Para culminar esta obra conteste las siguientes preguntas que le ayudarán a clarificar sus ideas y fortalecer su compromiso con el negocio que desea iniciar.

1. ¿Por qué quiere montar su propio negocio?

_____

2. ¿Qué debe hacer para lograrlo?

_____

3. ¿Qué cambios debe realizar?

_____

4. ¿Cuáles creencias hay que cambiar?

_____

5. ¿Qué beneficios va a recibir al iniciar su empresa?

_____

Espero que practique los ejercicios y dinámicas presentadas en este capítulo. Si tiene alguna duda o situación que le impida iniciar o continuar su negocio, comuníquese con algún consultor que le ayude a aclarar sus dudas. Visite nuestras páginas en Internet en la siguiente dirección: **www.motivando.com**

o escriba a:

Motivando a Nuestra Gente
P.O. Box 617221
Orlando, FL 32861
o envíe un facsímil al
407-578-5827 en EE.UU.

AGRADECIMIENTOS

Quiero darles las gracias a todas las personas que me apoyaron para que este libro se hiciera una realidad. Fueron muchos los que me respaldaron con sus consejos, experiencias y recomendaciones. Espero que esta obra sirva de inspiración para que usted pueda empezar su negocio con éxito.

Agradezco a todo el equipo de trabajo de Editorial Vida, especialmente a Esteban Fernández que confió en nuestro proyecto y perseveró para superar los obstáculos que se presentaron. Gracias a todos los editores que revisaron esta obra y al equipo que diseño la carátula.

A todos mis clientes mil gracias, porque me apoyaron de una manera muy especial, y me permitieron servirle a través de nuestros seminarios, que fueron experiencias enriquecedoras para el desarrollo de este libro. Espero compartir estas experiencias con miles de personas que disfrutarán esta obra.

A mi esposa Candy que me ayudó a desarrollar este proyecto. A mis dos hijos, José Ramón III y Pablo José, que siempre dicen presente ante el llamado a respaldar nuestros proyectos sin importar el sacrificio que estos conlleven.

A todos nuestros asociados en todas las ciudades de América, que siempre nos ayudan y apoyan en nuestro trabajo. Quiero agradecer muy especialmente al Sr. Edwin Nazario quien ha participado en lo que hemos hecho en los últimos cinco años, y puso su grano de arena en el tema de administración.

Quiero agradecer a Dios por darme la sabiduría de presentar las ideas en una forma sencilla y práctica. Por darme el propósito de servir a los demás, así como lo hizo el Señor Jesucristo, su Hijo amado.

J. R. Román

Autor

ACERCA DEL AUTOR

J. R. Román ha ayudado a miles de personas y empresas a mejorar su productividad y su calidad de vida. Es autor de más de veinticinco programas, talleres y seminarios en temas de liderazgo, trabajo en equipo, motivación, servicios al cliente, ventas y relaciones interpersonales.

Está confirmado por más de quinientas mil personas que han participado en sus seminarios, que estos contribuyeron en el desarrollo de sus talentos y habilidades para alcanzar sus metas. Es autor de varios libros, entre ellos *Motivando a nuestra gente*, traducido al inglés y al portugués, *Somos la fuerza del cambio*, *Los retos del líder en el siglo XXI* y *El Arte de Servir*.

Ha sido contratado por cientos de compañías en los Estados Unidos, Puerto Rico, México, República Dominicana, Brasil y Chile, para capacitar personal en temas tan definitivos como el aumento de productividad, mejorar relaciones interpersonales y crecimiento de su calidad de vida.

J. R. Román viaja anualmente a más de treinta ciudades, dando conferencias y seminarios. Él nos comenta: «No hay nada que me produzca mas satisfacción que ayudar a las personas a redescubrir sus talentos, habilidades, y a convertir sus sueños en realidad. Mi experiencia me confirma que a la gran mayoría de las personas no les han enseñado a vivir, a administrar sus estados emocionales, a fortalecer su autoestima, y a descubrir el potencial que existe en cada uno de ellos. Representa para mí un gran reto ser el facilitador que ayude a las personas a tomar las decisiones correctas, porque estoy convencido que somos el resultado de las decisiones que tomamos».

Es el presidente de Hispanic Business Networking Inc., afiliada a una red que representa a más de seiscientos cincuenta mil comerciantes en los Estados Unidos. Presidió los capítulos de San Juan (Puerto Rico) y Orlando, Florida, de la «Fraternidad Cristiana de Hombres de Negocio»; asociación que cuenta con más de un millón de miembros en ciento treinta y cuatro paises. Es productor del programa de radio y televisión «Nuestra Gente».

Estos son algunos de los seminarios que ofrece el conferenciante J. R. Román.

1. Motivando a nuestra gente
2. Fortaleciendo el compromiso de su equipo de trabajo
3. El líder como agente motivador
4. El arte de servir con eficiencia
5. Fortaleciendo las destrezas del vendedor
6. El proceso de la venta exitosa
7. Fortaleciendo su inteligencia emocional
8. ¿Cómo trabajar con personas difíciles?
9. Fortaleciendo sus estrategias para alcanzar el éxito
10. ¿Cómo lograr el éxito en su negocio?
11. Reorganizando sus finanzas
12. ¿Cómo desarrollar su negocio en el Internet?
13. Despegue 2000: Reorganizando su vida en catorce días
14. Somos la fuerza del cambio
15. Los retos del líder en el siglo XXI
16. Cuarenta y ocho formas para producir el cambio

Si desea contratar los servicios del conferenciante internacional J. R. Román para desarrollar algunos de sus seminarios en su empresa o en su próxima convención, le sugerimos que se comunique con nuestras oficinas:

Teléfono .... 407-294-9038 EE.UU. 1-800-393-9038
Fax 407-578-5827
Website .... www.motivando.com
Escriba .... P.O. Box 617221
    Orlando, Florida 32861-7221

Recomiéndele este libro a algún compañero o amigo que aprecie.

Cuando tenemos la oportunidad de leer algo que enriquece nuestro negocio, sentimos el deseo de llevar este mensaje a las personas más queridas. Estamos seguros que la lectura de este libro será de gran ayuda para ellos. Podrá entregarle una copia a las personas que elija, añadiéndole un mensaje de inspiración que le confirme que será de gran estimulo.

Pensé que este libro puede ayudar:

A mi compañero: _____

A mi esposo(a): _____

A mi supervisor: _____

A mis hijos: _____

A mis hermanos: _____

A mis suegros: _____

A mi socio: _____

A mi pastor: _____

A mi vecino: _____

A mis nietos: _____

Regale un ejemplar de este libro y se sentirá feliz. Adquiéralo en su librería favorita o llame en los Estados Unidos al 1-800-843-2548, y fuera de los Estados Unidos al 305- 463-8432, fax 305- 463-0278. Website: **www.motivando.com**

Nos agradaría recibir noticias suyas.
Por favor, envíe sus comentarios sobre este libro
a la dirección que aparece a continuación.
Muchas gracias.

ZONDERVAN

Editorial Vida
8325 NW. 53rd St., Suite #100
Miami, Florida 33166-4665

Vidapub.sales@zondervan.com
http://www.editorialvida.com